击败庄家
21点的有利策略

BEAT THE DEALER

A Winning Strategy for the Game of Twenty-One

[美] 爱德华 O. 索普（Edward O. Thorp）著

徐东升 顾磊 译

U0348605

机械工业出版社
China Machine Press

图书在版编目（CIP）数据

击败庄家：21点的有利策略／（美）爱德华 O. 索普（Edward O. Thorp）著；徐东升，顾磊译．—北京：机械工业出版社，2018.7（2025.1 重印）
书名原文：Beat the Dealer：A Winning Strategy for the Game of Twenty-One

ISBN 978-7-111-60415-0

I. 击… II. ① 爱… ② 徐… ③ 顾… III. 金融投资 - 通俗读物 IV. F830.59-49

中国版本图书馆 CIP 数据核字（2018）第 141258 号

北京市版权局著作权合同登记 图字：01-2018-1739 号。

Edward O. Thorp. Beat the Dealer: A Winning Strategy for the Game of Twenty-One.
Copyright © 1962, 1966, by Edward O. Thorp.
Simplified Chinese Translation Copyright © 2018 by China Machine Press.

Simplified Chinese translation rights arranged with Edward O. Thorp through Bardon-Chinese Media Agency. This edition is authorized for sale in the Chinese mainland (excluding Hong Kong SAR, Macao SAR and Taiwan).

击败庄家：21 点的有利策略

出版发行：机械工业出版社（北京市西城区百万庄大街 22 号 邮政编码：100037）
责任编辑：袁 银
责任校对：李秋荣
印　　刷：三河市宏达印刷有限公司
版　　次：2025 年 1 月第 1 版第 14 次印刷
开　　本：147mm×210mm　1/32
印　　张：8.75
书　　号：ISBN 978-7-111-60415-0
定　　价：59.00 元

客服电话：（010）88361066　68326294

谨以此书献给

我的妻子薇薇安（Vivian）

和孩子们，

鲁安（Ruan）、凯伦（Karen）和杰弗里（Jeffrey）

译者序

我本科毕业于清华大学数学系，后来在中山大学管理学院任教。一个偶然的机会，我了解到量化投资，并读了爱德华·索普的传记。受他和另一个量化投资大师詹姆斯·西蒙斯的影响，我进入了量化投资领域。可以说，本书是我成长道路上的引路灯之一。

可以想象，当我得到机会翻译此书的时候，是何等的喜出望外。我几乎是怀着朝圣的心情完成本书的翻译的。

本书书名为《击败庄家》，但是我首先要告诉你，这不是一本教你在赌场致富的指南，而是一篇有意思的数学论文。爱德华·索普是美国著名的数学家，也是量化对冲基金之父。他和其他几位顶级科学家（包括信息论之父克劳德·香农）在60年前一起破解21点游戏的故事广为流传。美国拉斯维加斯和全世界的赌场，甚至因为此书的出版被迫修改了规则。

爱德华·索普显然和普通的超级赌客是不一样的。他既没有选择独享，把赌场作为一台提款机，也没有像"鲑鱼先生"（本书第 6 章提及的传奇赌客）一样，流连于波多黎各的海滩和俱乐部，恣意人生，放浪形骸。他只是把赌场作为验证他理论的实验室。

爱德华·索普不仅有着科学家身上特有的好奇、严谨和分享的特质，还有着西部牛仔般的勇敢和洒脱。由于盈利能力惊人，他被赌场列为危险人物。赌场和黑道关系微妙，它们不惜使用下蒙汗药、人身威胁这样的手段，而爱德华·索普仍然坚持他的实验，甚至想出乔装打扮这样有趣的方法和赌场周旋。

爱德华·索普在"击败庄家"之后，选择了更有挑战的目标，进入了投资领域。他在资本市场发现了可转债套利的机会。事实上，他研究可转债套利的成果是期权定价模型的基础，如果发表，本来有机会获得诺贝尔经济学奖；但他没有这么做，而是选择了"击败市场"。他前后创立了两个对冲基金，都取得了巨大成功，年化收益在 15% ～ 25%，波动率在 5% ～ 7%。因此，他不仅是理论家，更是实战派。

爱德华·索普和巴菲特有过交集。有一次，索普夫妇到巴菲特夫妇家中打了一夜桥牌。他们互相都给对方留下了深刻的印象。回去的时候，索普对妻子说，他相信巴菲特有朝一日会成为美国最富有的人。英雄惺惺相惜！

可以说，爱德华·索普和巴菲特代表了投资界两种极致的投资思路。前者完全依赖数据，进行极短线的统计套利；后者排斥过度依赖数据，进行极长期的价值投资。但他们也有共通之处，即强调克服人为情绪影响，理性战胜市场。

在阿尔法狗已经战胜人类的时代，21点游戏对于计算机来说，已经是小菜一碟了。然而，追溯计算科学和人工智能的起源，我们还是要回到20世纪五六十年代那个传奇的时代。正是那一群顶级科学家的卓越贡献，奠定了量化投资、计算科学、信息论和人工智能等学科的基础。因此，对于当代人，特别是投资界人士，重读此书，甚有必要。本书对我的启发主要有以下三点。

第一是任何看似不确定的事物，背后总有某种规律性。这种规律往往是以数学模型的形式表达出来的。爱德华·索普利用概率论推导出基本策略，然后结合凯利公式进行资金管理，进一步提出计点的制胜策略。赌场游戏是这样，投资领域也是这样。

第二是计算能力大大拓展了人类认知的边界。本书诞生于20世纪60年代是有原因的。20世纪五六十年代是电子计算机萌芽和初步发展的年代。爱德华·索普正是运用IBM 704电脑，计算出了21点制胜策略的详细表格。当时，IBM 704的计算能力是12 000 FLOPS（每秒所执行的浮点运算次数），刚好能够解决21点这类决策问题。

而目前最快的大型计算机神威太湖之光的计算能力是 93 千万亿（93×10^{15}）FLOPS，相当于 IBM 704 的 7.75 万亿倍（7.75×10^{12}）！目前的计算能力，再配合软件和算法的进步，人类就能攻克复杂度极高的领域。例如，2016 年 3 月，谷歌的阿尔法狗就战胜了围棋世界冠军李世石。

第三是软硬件的集成能力极为关键。让我吃惊的是，爱德华·索普的同事也是"智能硬件"好手。他和其他顶尖科学家、工程师一起开发了便携式设备，破解了赌场的百家乐和轮盘赌。他还开发出了便携式 21 点计点设备，使得赌客可以不用人脑而是用设备记忆出牌点数。这种软硬件的集成能力，其实是现代人工智能领域的金融科技、智慧医疗、无人驾驶等先进技术的基础。

对于想去境外赌场娱乐的普通玩家，我可以坦率地告诉你们，"击败庄家"的时代已经过去，这本写于 1961 年的书不可能成为游戏指南。目前，由于赌场普遍采用 6～8 副牌，并且荷官频繁洗牌，计牌策略已经基本失效。你们只需要阅读本书第 1～3 章，熟悉游戏规则和 21 点基本策略，背熟表格，就足矣。采用 21 点基本策略，玩家在规则有利的赌场还拥有（0.12%＋0.15%）（第二项 0.15% 是由于"投降"规则的存在）的微弱优势，在不利的赌场只有负期望的胜率。因此，"击败庄家"已经成为不可能。但是，不亏钱其实就是赚钱。如果能够拥有和赌场打平的概率，在赌场度假村享受奢华的度假，岂不美哉？

值得一提的是，普通玩家往往了解硬点数策略，但对于软点数策略和加倍、分牌策略不够熟悉，而后者的这些数学思维是决定玩家能否和赌场打平的关键所在。

对于想深入学习资金管理的读者来说，阅读本书第4～8章很有必要。这里有几十年前能"击败庄家"，如今在金融市场仍然适用的数学思想和策略秘籍。

对于量化投资和金融科技从业人员，一定要阅读到最后一章。第12章记录了爱德华·索普这位量化对冲基金之父对于投资行业"科学和运气"的深刻洞见。

在翻译过程中，我要感谢合译者顾磊跟我一起完成翻译工作，并且进行了策略实践和境外赌场规则调研。我要感谢同事刘立恒为本书翻译了图表。同时，感谢麻省州立大学洛威尔分校的林静容老师、黄祺女士和章璟女士为本书的部分译文提供了宝贵的建议。我要感谢我的太太陆颖娜、我的同事金烨和江南。他们的支持，使得我有充足的精力可以投入到本书的翻译工作中去。由于本人水平有限，翻译过程中不免有各种错误，欢迎读者指正。

徐东升

2018 年 1 月于上海

致　谢

人生如潮，皆有机运；乘浪而行，方得大成。

——莎士比亚《尤里乌斯·恺撒》

非常感谢罗杰 R. 鲍德温（Roger R. Baldwin）、威尔伯 E. 坎蒂（Wilbur E. Cantey）、赫伯特·梅塞尔（Herbert Maisel）、詹姆斯 P. 麦克德莫特（James P. McDermott）为本书 21 点⊖策略的计算工作提供帮助，也感谢麻省理工学院（MIT）计算中心提供的 IBM 704 计算机。

我要感谢许多朋友和同事提出的宝贵建议，特别是克劳德 E. 香农（Claude E. Shannon）教授、伯特霍尔德·施魏策尔（Berthold Schweizer）、安倍·斯克拉（Abe Sklar）和埃尔伯特·沃克（Elbert Walker）。十分感谢薇薇安（Vivian）和詹姆斯·索普（James Thorp）长时间陪伴我玩 21 点，并扮演"庄家"的角色。感谢内华达博彩管制局的前特别调查员迈克尔·麦克杜格尔（Michael

---

⊖　为了符合国人习惯，blackjack 在本书中译为 21 点。——译者注

MacDougall)、部分内华达老一代"计牌"玩家和某个内华达作弊技工，他们向我介绍了许多赌场惯用的作弊手法和装置，并且提供了大量的赌场常识。与某个联邦探员的对话给了我大量关于内华达赌场内部活动和对外联络的信息。最后但同样重要的，我要感谢两位百万富翁在资金上资助我进行了第 5 章中提及的非常成功的赌场测试。

经过大量的研究，第 1 版中的结果已经由 IBM 公司的朱利安·布劳恩（Julian Braun）进行了提升和改进。他对大多数计点策略进行了计算，并提出了大量的细致入微并且价值连城的建议。非常感谢他允许我将他的工作成果纳入第 2 版。

特别感谢威廉 E. 瓦尔登（William E. Walden）在相关的内华达百家乐领域与我一起合作取得成果。

对于保罗·奥尼尔（Paul O'Neil）的正直和他在《生活》（*Life*）杂志中对《击败庄家》及其作者的媒体澄清，我深表感谢。对于《生活》杂志在面对内华达充满敌意的黑帮和政客时敢于披露真相的勇敢立场，我深表敬意。

感谢众多读者提供了有帮助的建议、想法、个人经历和溢美之词，也感谢他们在赌场一次又一次地证明了本书的结论。

最后，感谢第 1 版《击败庄家》的读者，他们热情高涨，踊跃购买，成功地使本书进入全美畅销书之列。

目　录

译者序
致谢

第 1 章　导论 ·· 1

第 2 章　游戏规则 ··· 7

玩家数量 ··· 8

纸牌 ··· 8

发牌 ··· 9

下注 ··· 9

纸牌的点数，硬点数与软点数 ······················· 10

玩家的目标 ·· 11

天成 ··· 11

要牌 ··· 12

结账 ··· 13

分牌 ··· 14

加倍 ··· 15

保险 ··· 16

惯例和实践 ·· 17

第 3 章 基本策略 ·· 19

玩家的决策 ·· 23

基本策略中的要牌与停止 ································ 24

基本策略中的加倍 ·· 29

基本策略中的分牌 ·· 33

使用基本策略的预期结果 ································ 38

与其他 21 点策略及其他赌场游戏的比较 ·············· 40

一些常见的 21 点游戏的误区 ·························· 41

实验一：硬 16 点面对庄家 A，是要牌还是停止要牌 ······· 42

实验二：硬 10 点面对庄家 A，加倍 ···················· 45

实验三：面对庄家明牌 5，对 6 分牌 ···················· 45

模仿庄家 ·· 46

从不爆掉的策略 ··· 47

给理发师剪发的人 ··· 48

第 4 章 制胜策略 ·· 51

常见的游戏误区 ··· 52

21 点游戏中相关性的重要性 ···························· 54

利用有利条件 ·· 55

第一个制胜策略——计 5 策略 ························· 59

计牌 ··· 64

计 5 策略的改进 ·· 67

有利情况的出现频率 ······································ 68

赌注大小的变化 ··· 69

初始资本、可能风险、盈利速度 ······················· 71

第 5 章　内华达实战 ·· 73

准备 ··· 75

10 000 美元 ··· 77

热身 ··· 77

这里 100，那里 1000 ···································· 80

一把赌 900 美元 ··· 82

最小 25 美元赌注 ·· 85

2 小时赢 17 000 美元 ···································· 87

第 6 章　简单的计点系统 ······························· 93

简单计点系统 ·· 94

修正 ··· 96

亨利·摩根和我的波多黎各之旅 ···················· 98

认识鲑鱼先生 ··· 102

关于终局玩法的有趣想法 ···························· 108

知道庄家暗牌情况下的策略 ·························· 110

知道庄家暗牌的价值 ·································· 112

长期来看：鲑鱼先生赢了 5 万美元 ················· 114

波多黎各的规则改变了 ······························ 115

第 7 章　完全计点系统 ································· 117

计牌 ·· 120

赌注 ·· 121

要牌与停止要牌 ·· 122

加倍 ·· 124

分牌 ·· 126

保险 ··· 127

优势与有利战局出现的频率 ····························· 127

第 8 章　基于计 10 的制胜策略 ····················· 131

10 点牌比例的变化对于玩家优势的影响 ················ 133

学习计点 ··· 133

保险 ··· 136

策略表 ··· 140

学习策略表 ··· 145

利润率 ··· 147

把 A 纳入计点 ··· 150

正确的终局玩法带来的可观收益 ······················· 153

第 9 章　化解赌场的反制措施 ····················· 157

洗牌 ··· 158

计牌的荷官 ··· 160

当牌型有利时出击 ······································· 160

惩罚伪装计牌 ··· 161

多副牌 ··· 162

改变规则 ··· 163

规则的变种 ··· 165

掩饰 ··· 167

伪装 ··· 169

自动 21 点（赌博）机器 ······························· 173

送报路线图技术 ··· 175

第 10 章　如何识别作弊 ································· 179

　击败对手的荷官——固执的专家一晚浪费 20 000 美元 ··· 182

　红桃皇后 ····································· 183

　在牌上做标记 ································· 186

　偷窥 ··· 188

　一个简单的家庭实验 ··························· 190

　发第二张牌 ··································· 190

　牌的堆放：高 - 低取牌 ························ 193

　牌的堆放：7 点递进序列 ······················ 197

　最后一棒 ····································· 200

　无理由的偷看 ································· 203

　随叫随到的技工 ······························ 203

　杂项 ··· 205

　避免作弊 ····································· 205

第 11 章　作弊会停止吗 ························· 207

　《生活》杂志曝光作弊故事 ····················· 208

　内华达的回复 ································· 209

　如果停止纸牌作弊行为 ························· 211

　美国财政部如何挽回抽水的损失 ················· 211

第 12 章　科学与运气 ··························· 219

　早期的盈利玩家 ······························ 220

　赌场针对计牌玩家的对策 ······················ 223

　进一步的发展 ································· 224

　计算机与赌场 ································· 225

科学与运气 ································· 227

股票市场 ································· 230

未来 ································· 231

拾遗　英格兰的 21 点 ································· 233

赌场 1 ································· 234

赌场 2 ································· 235

赌场 3 ································· 236

附录　一副牌游戏的基本概率 ································· 239

参考文献 ································· 258

第 1 章

导　论

黑杰克，也叫作 21 点，是世界上最流行的博彩游戏之一。在美国，无论是在内华达州、新奥尔良附近的杰弗逊郡、加尔维斯顿地区、温泉城地区、阿肯色州、白硫黄温泉、西弗吉尼亚州，还是在家里或者私人俱乐部里，这个游戏都广受欢迎。在波多黎各、阿鲁巴岛、巴拿马、巴哈马群岛以及加勒比海地区的其他国家和地区，21 点也广受青睐。在欧洲的威尼斯丽都赌场、马恩岛、伦敦[⊖]，菲律宾群岛的马尼拉的赌场里面，21 点也是经久不衰。

在英格兰，21 点被叫作"van-john"；在澳大利亚，21 点被叫作"pontoon"。它们都是从法语的字节 vingt-et-un 引申而来的。在德国，它被叫作"Einund-Zwanzig"或者"Achtzehn-und-Drei"。虽然名字有差异，但游戏在本质上是一样的。

在现代赌场中的 21 点游戏里，采用本书所述的策略，玩家可以获得一定的优势战胜赌场。这一策略基于概率学的数学理论，是作者和合作者采用电子计算机推算出来的。幸运且令人惊讶的是，这一策略最终转化成几张简单的表格，连一般的玩家都可以理解并记住。此外，这一策略适

⊖ 本书正在写作时，许多博彩游戏在英格兰是合法的。伦敦的许多博彩俱乐部里面的 21 点游戏和拉斯维加斯的游戏本质上是相同的。本书中的制胜策略同样适用。

合在赌场中做所需要的快速计算。

21 点的规则在不同赌场里会稍有不同。基于我对许多赌场的研究，我在表 9-2 中将这些变化进行了罗列。这个表告诉我们这些变化如何影响玩家的优劣势，并使其能够从不同赌场中进行选择。

没有哪个策略可以在面对赌场的作弊时获胜。21 点给了庄家一个绝好的作弊机会。除非完全不玩，否则对玩家而言唯一的保护就是找一个玩牌专家来指点了。但是，运用本书第 10 章所述的方法，普通玩家在大多数情况下也可以有效地保护自己。

在下面的章节中，我们先介绍这个游戏的规则，然后一步一步地引导读者达到他想要的精通程度。第一步是学习"基本策略"：一套简单的规则告诉玩家何时要牌、何时停止要牌、何时加倍、何时分牌。只使用基本策略，玩家便可以在大多数拉斯维加斯的赌场里获得 0.1 个百分点的微弱优势。21 点是目前⊖赌场内唯一一个玩家可以获得稳定优势的游戏。其他已经出版的策略通常给予玩家 2 ~ 5 个百分点的劣势。第一个大致上正确的基本策略版本由鲍德温等[2]⊖发现并发表，该版本和《击败庄家》第 1 版中发表的改进版本都有一些不准确的地方。针对一副牌和一

⊖ "目前"指本书首次出版时，即 20 世纪 60 年代。
⊖ [ ] 中的数字代表了参考文献中的标号。

些特定规则的基本策略的正确版本，将在本书第 3 章中介绍，这一策略是由朱利安·布劳恩（Julian Braun）计算出来的。在规则有利的赌场里，基本策略事实上给予了玩家不小的优势；在规则不利的赌场里，玩家可能有微弱的劣势（最高到大约 0.5 个百分点）。即便如此，21 点还是比其他赌场游戏（包括掷骰子）要好。

基本策略不包括计牌，但是，在掌握了基本策略以后，读者可以学会一个简单的修正方法（采用一种计牌策略），使得自己在大多数情况下对赌场有着 3% 以上的优势。大部分听到要计牌的人会说："我没法记住整副牌，我甚至记不住电话号码。"他们可能会吃惊地发现，只需要记住 4 张牌（庄家用的那副牌）即 5 点和一些其他信息，经过小的策略调整，就足以获得对庄家 3% 以上的优势！

那些愿意并且能够记住 4 张牌以上的玩家，可以掌握更复杂的策略。首先，我们提出一套更为强大的新式索普计点系统，这套系统在第 1 版《击败庄家》发表以后由几个人进行了完善。经过赌场实践，它被证明行之有效，尤其在多副牌的情况下，它的效果显著并易于掌握。它与桥牌中著名的戈伦（Goren）计点法一样简单实用。每张牌都被记为 +1，0，或者 −1，你只需要简单地记住出牌的总点数即可（所以你只需要记住一个数字）。这个计点方法之所以有效，是因为它考虑了玩家见过的每一张牌，这让玩家可以判断出对他有利的将近一半的情形。事实上，在单副牌的情况下，他在一半的时间内都对庄家有着微弱的优势，哪怕只发了一张牌！

10 点计数法在第 1 版中有详细介绍。有史以来第一次，数以千计的玩家在拉斯维加斯的赌场中进行了成功的实践，并迫使赌场修改了 21 点的游戏规则。（由于规则的改变让赌场流失了大量顾客，赌场的损失更大，因此这个规则的改变失败了，然后被取消了。在写本书的时候，我预见到了这个改变，并且在第 8 章（第 1 版）中解释了规则的变种以及如何继续取得胜利，赌场老板明显只读到了第 5 章。）

对于那些后知后觉的怀疑者，第 5 章提供了一套作者在内华达州应用 10 点计数法的原始测试数据。两个希望赚取利润的百万富翁借了我 10 000 美元作为初始赌注，我有意非常保守地玩了 30 个小时。最后，10 000 美元变成了超过 20 000 美元。后来的事情大家都知道，让赌场提供一个"友好"的环境越来越难了。它们干扰我们的方法包括拒绝提供一张专用赌桌，每手或者每两手就洗牌，更换发牌手，固定时间换牌（有家赌场 5 分钟内换了 4 副牌），以及不卖给我们大面额的筹码。有家赌场甚至在我们坐下来以后指派了一名作弊的发牌手。

尽管有这样那样的干扰，我们仍然能够赢得我们想要的赌局。我们最后退出是因为我的教学岗位要求，更因为这一策略已经得到了充分的验证。

我们相信本书值得购买，也值得多次阅读。我们希望那些跟我们一起研究21点的读者放弃迷信所谓的秘籍和运气。

第 2 章

游 戏 规 则

学习 21 点的第一步是掌握规则——重点是"掌握"二字。仅仅知道规则的具体意义是不够的，读者们必须能够理解每种规则的后果和不同的变种。熟练的玩家和初学者都应该学习这一章。

每个赌场都有一套 21 点游戏规则，和其他赌场的大同小异。稍后，我们会介绍各种规则变种的结果，但首先，为简化起见，我们考虑一套典型的规则体系。这一套体系是典型的，但不意味着全球通用，规则如下所述。

玩家数量

21 点游戏有 1 个庄家⊖，1 ～ 7 个玩家。我们在后面会看到，一般来讲，一张赌桌上的玩家越少，对玩家越有利。

纸牌

通常游戏使用的是 1 副 52 张的纸牌。然而，越来越多的赌场开始使用 2 副甚至 4 副牌⊜，使得计牌更加困难⊜。一

⊖ 庄家也称作荷官，本书中不区分使用。——译者注
⊜ 目前美国拉斯维加斯赌场的发牌机器一般使用 8 副牌。不同赌场可能稍有差异。——译者注
⊜ 在内华达州，多副牌的发牌系统越来越常见，被非正式地称作"教授克星"。（见哈罗德·德雷克（Harold Drake）的 UPI 故事"战胜拉斯维加斯的教授正奔赴 UCL"。）

般来讲，牌的数量的增加会稍稍降低玩家的优势。（在波多黎各，通常是 2 副牌；在伦敦，通常是 4 副牌。）

发牌

游戏开始前，由庄家洗牌，某个玩家切牌。然后，一张牌被"曝光"（牌面朝上放到整副牌的下面），被曝光的牌可以选择是否让玩家看到。接着，庄家给自己发两张牌，再给每个玩家发两张牌。玩家的两张牌是面朝下的，庄家的牌一张朝上，一张朝下。玩家的两张牌和庄家朝下的牌，被称作"暗牌"。

一些赌场会把玩家的暗牌亮出，波多黎各的赌场就是这么做的，这对计牌的玩家很有利。另外，看见玩家的牌对于庄家并无帮助，因为他必须按照规则行动。稍后，我们会看到缺了一张"曝光"牌的赌局就足以使得玩家拥有微弱的优势。（这不适用于两副及以上数量的牌局。）

下注

发牌以后，除了保险（稍后再议），玩家下

注。赌场规定了最小和最大的赌注，最小赌注一
般从 25 美分到 5 美元，最大赌注从 100 美元到
500 美元不等。

我们的制胜策略包括调整玩家的下注数额。玩家应该
在有利的情况下增加筹码，然后在不利的情况下降低筹码。

最小赌注的大小对于资金有限的玩家来说至关重要，
而最大赌注的大小对于资金充裕的玩家来说更有意义，因
为它决定了玩家的盈利比例。在波多黎各，赌注为最小 1
美元最大 50 美元是常见的。在伦敦，最小赌注一般从 5 便
士到 1 英镑（约合 70 美分到 2.8 美元），最大赌注一般是
50 英镑（约合 140 美元）。

纸牌的点数，硬点数与软点数

对于牌 A，玩家可以选择 1 点或者 11 点；对
于任何一张花牌⊖，都是 10 点；对于其他牌，点
数为牌面的数字。如果一手牌中带有 A，在总点
数没有超过 21 点的情况下，它能被算作 11，则
这手牌被称作"软"牌，其余被称作"硬"牌。

⊖ 花牌即 J，Q，K。——译者注

因为对于软牌有两种可能性，我们定义它的点数
是将 A 计作 11 的点数。

软牌与硬牌之间的区别是重要的。我们将看到持有组
合的软牌时的最优策略和持有相同点数的硬牌时的最优策
略是迥然不同的。

玩家的目标

每个玩家试图获得超过庄家，但是又不超过
21 点的总点数。

天成

如果玩家或者庄家拿到的前两张牌是 A 和一
张 10 点的牌，那么这手牌就被称作"天成"或者
"黑杰克"（blackjack）。如果玩家得到天成而庄家没
有，那么玩家从庄家那里得到下注额的 1.5 倍。⊖

⊖　目前，美国拉斯维加斯赌场的规则改为"如果玩家拿到天成而庄家没
　　有，则赔付标准是 1.2 倍"。由于"玩家拿到天成而庄家没有"的概率是
　　4.649%（一副牌游戏），玩家的优势下降了 1.395%，因此，目前在美国
　　拉斯维加斯赌场，即使采用最优策略，玩家也具有明显劣势。也就是说，
　　本书中的策略已不适用于现代美国赌场。——译者注

如果玩家没有而庄家有天成，那么玩家的所有赌注就赔给庄家。如果玩家和庄家都是天成，那么打平。

在 1964 年，内华达州引入自动 21 点分牌机，其对玩家的天成进行了 2:1 的赔付。我们将在第 9 章中分析这类机器。

要牌

要牌从庄家的左手边开始并按顺时针方向进行。玩家看了暗牌以后，可以选择"停牌"（不再要牌）；否则他可以要求庄家再发牌，每次一张，牌面朝上。

如果玩家点数"爆了"（超过 21 点），那他要立刻翻开暗牌并将全部赌注赔付给庄家。在所有玩家要牌以后，庄家亮出其暗牌。如果他的点数小于或者等于 16，则必须继续要牌，直到点数大于或者等于 17，他才停止。如果庄家拿到一张 A，并按照 11 计算使得总点数大于或者等于 17，且不超过 21 点，那么他必须把这张 A 算作 11 点并停止要牌。

许多赌场调整了这条软牌规则，使得庄家在软点小于或等于 17 的时候继续要牌，在软点大于或等于 18 的时候停止。用这种方法，庄家赢得了一个微小的优势。一些赌场通过更多类似的调整以获得更大的优势。

通常，玩家通过说"Hit"或者"Hit me"，或者简单地用他的牌轻刮桌面，来表示要牌。如果玩家不再要牌了，他可以把底牌面朝下，然后说"Stand"，或者把牌放到赌注下面。对于玩家来讲，发牌以后再摸赌注是不礼貌的行为。这是因为，如此一来，会被怀疑在看到庄家的明牌后试图更换赌注。

结账

如果玩家没有超过 21 点，但是庄家超了，那么玩家押多少赌注，庄家就赔付多少。如果玩家和庄家都没有爆掉，那么点数大的一方就赢得押注额大小的金额。如果双方点数相同，也没有超过 21 点，那么打平，谁都不赔不赚。

玩家和庄家的平局叫作"Push"。当有平局时，庄家拿走玩家的牌但不触碰其筹码。这有时候让人摸不着头脑，所以为了强制引起玩家的注意，庄家有时候将玩家的牌翻起，并在敲打几下桌子以后将牌拿走。

在有些赌局中，平局算庄家赢，这将带给庄家可怕的9%的优势。千万不要参与这样的赌局。

有人可能会想，除了天成，如果平局下没有输赢，那么玩家采用和庄家一样的策略是合理的。但是，研究发现，玩家采用庄家的策略会失去5～6个百分点的优势。⊖原因在于，如果玩家爆掉，即使后面庄家也爆掉，玩家还是赔光其赌注，这就是一个玩家与庄家是"平手"，但是算庄家赢的极佳案例。

分牌

如果玩家的底牌是两张一样的牌，就叫作"一

⊖ 《斯卡纳博彩完全指南》[58]中，在19页和317页，作者声称他是第一位算出21点游戏中庄家优势的人。在317页，作者再一次断言书中出现的庄家优势是史上第一次。庄家的优势（见18, 19, 687页）似乎意味着玩家长期输钱的平均速率（即总下注额的百分比）。

　　该书在326页中评论道：计算出对战个人玩家的精确胜率是不可行的，因为玩家的策略千变万化。同样在326页，书中假设了一整副牌用于分析。然后在328页，进一步假设玩家采用与庄家相同的规则（即策略，以下一致）。这样，这本书似乎公布了解决方案：如果玩家遵循和庄家一样的策略，即在17点或者更多时停止要牌，在16点或者更少时要牌，从不分牌或者加倍，那么他的盈亏比例是多少呢？

　　作为一个历史记录，我们必须要指出，鲍德温、坎蒂、梅塞尔、麦克德莫特在斯卡纳的书面世之前的几年就发表了该问题的解决方案，首先是在一篇数学论文中[2, 439页]，然后在一本书中[3, 27页]。

对"。他可以选择将牌亮出，分开变成两手牌的各自的第一张，这叫作"分牌"。原来押的赌注跟其中的一手牌，还要押上相同数额的赌注跟另一手牌。对玩家的两手牌，都会自动地发第二手牌，牌面向下。然后，玩家分别对每一手牌进行要牌，就像一开始就发成这样，两者只有下面这个不同之处。如果是一对 A 分牌，每手牌只能要一张牌，另外，如果分牌的 A，又发了一张 10 点牌，这不算作天成，而是普通的 21 点。同样地，如果玩家对 10 点牌进行分牌，然后拿到了一张 A，这也被认作普通的 21 点。如果玩家在分牌以后又拿了一张相同的牌，那么他不能再分牌了。

A 是最好的分牌机会。拉斯维加斯有过临时的规则即对 A 强制分牌，目前取消了。内华达州引入了第一代自动 21 点发牌机，不允许分牌。

加倍

在看了暗牌以后，玩家可以选择加倍，然后要一张（也只能要一张）牌。这个策略被称作"加倍"。选择加倍的玩家，亮出底牌，然后拿到第

三张暗牌。除了一对 A 的情况以外，玩家可以在
分牌后加倍其中的某一手牌，或者两手。

在波多黎各，只有在 11 点的情况下允许加倍。在内华
达州的一些赌场，尤其是在里诺（Reno）和塔霍湖（Tahoe）
地区的赌场，在 10 点或者 11 点的情况下允许加倍，第一
代自动 21 点发牌机也是如此。拉斯维加斯的临时规则（目
前已取消），限制在硬 11 点时才能加倍。这一点是除了上
面提到的对 A 的分牌以外，另一个规则的改变。限制加倍
提高了庄家的优势。

保险

　　如果庄家的明牌是 A，在发牌前，玩家可以
有一个额外的赌注。看了暗牌以后，玩家可以加
一个不超过初始赌注一半的额外赌注。在玩家决
定是否买保险以后，庄家检查其底牌。如果庄家
是天成，保险的赌注获得加倍赔付。如果庄家不
是天成，保险的赌注就输掉了，游戏继续。不论
保险的结果如何，初始赌注仍然继续，不受影响。

假设玩家买了附加赌注，庄家拿到了天成，但玩家没

有，那么玩家输掉其初始赌注，但附加赌注赢了一倍回来，总体打平。这就是为什么这个附加赌注叫作"保险"的原因。很多北内华达的赌场和自动 21 点发牌机不允许保险。

惯例和实践

21 点有一些算不上规则的惯例。它们因赌场而异，在一个赌场内因轮班而异，甚至在一个轮班内因荷官而异。（内华达州的赌场一般是 24 小时连续营业的，三班倒。在波多黎各，赌场通常从上午 8 点开到下午 4 点，所以只有一班。）这些惯例和我们在第 3 章中介绍的基本策略关系不大，但是和后面讨论的制胜策略有所关联。

洗牌。在每局牌之间的任何时间都可以洗牌，这是一个惯例。如果在玩的过程中牌用完了，庄家也可以洗牌。而在牌没有用完的情况下，庄家在牌局中途洗牌，可能被认为是出老千。玩家可以在任意赌局结束后要求洗牌，荷官有时候会同意，有时候会拒绝。

我们把庄家非必要的频繁洗牌称为"shuffle up"。

托儿。托儿是假扮成玩家的赌场雇员，用来吸引玩家或者刺激赌局。某家赌场的某个时段，可能有托儿。

托儿通常遵循自己的规则，例如，他们从不加倍、分

牌或者买保险，在大于等于硬 12 点的时候就停止要牌，遇
到软点数的时候，他们遵循庄家的策略进行要牌或停止。
如果托儿不遵循一套固定的规则，他们可能会帮助庄家或
者赌场欺骗玩家（见后文有关"anchor man"的讨论）。

新牌。虽然法律上没有明确规定，但是按照惯例，玩
家可以在任何需要的时候要求换新牌。通常，新牌会先背
朝上展开，背朝上时，荷官可以检查扑克牌的背面是否有
可以让玩家认牌的记号。然后，扑克牌面朝上展开，玩家
可以借此机会检查是否有牌被抽走或者加入。

第 3 章

基 本 策 略

　　某个圣诞假期，我和妻子决定从加州大学洛杉矶分校的教学任务中抽身出来，到拉斯维加斯放松几天。我们以前都去过，但是当时我们没有赌钱。我们观看演出，享用物美价廉的大餐，还有在合适的季节泡在游泳池中。

　　在我们出发之前，加州大学洛杉矶分校的索尔真弗雷（Sorgenfrey）教授向我介绍了某数学期刊上的一篇最新论文[2]。论文描述了一种 21 点策略，据说它能把赌场的优势限制在 0.62% 以内。⊖因为这个数字是如此接近平衡点，对于玩家来讲，比其他赌场游戏好多了，所以我把这个策略写在一张小卡片上带在身边。

　　当我来到 21 点赌桌的时候，我买了 10 美元赌注。我没有期望能赢钱，但是我想看看我的赌注能坚持多久，同时也想实践一下这个策略。

　　一开始，由于玩得慢并且还手拿一张小卡片，我吸引了许多好奇的围观群众，庄家隐藏不住对于这种"机械化"玩家的蔑视。这种气氛在他们看到我的玩法以后加剧了。当面对庄家明面的 A 时，有谁会对一对平凡的 8 进行分牌（这就是在面临风险时加倍了赌注）？在面对庄家明面的 5

　　⊖　威尔伯特·坎蒂（Wilbert E. Cantey）告诉我们这篇文章中有一个数学推
　　　　导错误，被参考文献［2］和［3］发现并发表以后，赌场的优势应该是
　　　　0.32%，而不是 0.62%。策略的正确结果应该是玩家会有 0.09% 的优势。

时，有谁在拿到 A 和 2 时加倍？在面对庄家的 4 时，有谁
会在硬点 12 点时停止要牌？

祸不单行，庄家这一轮的运气相当好，桌上的每一个
玩家都输得很惨。很明显我的这 10 个"小不点"会马上输
光。但是，真的会吗？似乎这个诡异的玩法被证明是正确
的。当其他玩家损失惨重的时候，我这一小堆筹码还在坚
持，偶尔还赢一点。20 分钟以后，大部分筹码还在。新手
头运！

然后奇怪的事情发生了。我拿到（A，2），然后要了
一张是 2，再要一张是 3。我现在有（A，2，2，3），软点
18。庄家有明牌 9，但是他可能有 19 点。只有傻子这时候
还会要牌，面临着这么好的牌被爆掉的风险。我看了下我
的卡片，然后要牌了。在众人的诧异、不满和啧啧质疑声
中，被逗乐的围观者看着我拿到一张 6。硬点 14！"给我
张好牌。"我继续要到一张 A，变成硬点 15。为试试手气，
我继续要牌，是一张 6！现在，我有（A，2，2，3，6，A，
6）或者说 7 张牌 21 点。这太少见了，几千手牌才有这样
一次。

在短暂的震惊之后，一些围观者建议我应该得到一笔
25 美元的奖励，庄家拒绝了——这只有在里诺的部分赌场
里才有。我从不知道还有这种奖励，不过我想可能是因为

我很有趣地塑造了这样的形象：因为预知 7 张 21 点才牺牲了软 18 点。"谁知道，他们甚至会给我奖励呢。"当然他们没有。但是，有些围观者已经由嘲笑和小瞧，转变成了尊重、关注甚至是景仰。

又过了 15 分钟，在庄家和其他玩家清点以后，我还有 8.5 美元，然后决定就此罢手。然而，从这短短几十分钟的经历感受到的无知与迷信，深深地在我脑海中留下一个印象：即使是"高手"也对这个游戏的本质一无所知。应该有办法可以战胜庄家。[○]

当我回到家，我开始认真研究这个游戏。我确信，在高速计算机的帮助下，可以找到制胜策略。作为寻找这个策略的第一步，我采用了 IBM 704 计算机来改进上述插曲中的策略。这就是改进版，我称之为"基本策略"，你将在本章中学习到，这是后续制胜策略的基础。计算显示，在一个典型的赌场，玩家使用正确的基本策略会拥有 0.12% 的相对优势；在某些赌场，玩家的优势可以到 0.6%；但在规则不利的赌场，玩家可能会有 1% 不到的劣势。对于某些自动 21 点发牌机来说，基本策略玩家理论上拥有 1.6% 的优势，并能够稳定盈利。详见第 9 章。

○ 有许多关于我们在策略实践中的奇闻趣事，它们使得事情"栩栩如生"。读者必须知道一两次意外并不是支持策略的证据。

在"等待"更好的时机来临之前，你必须一次又一次地使用基本策略。这个策略必须被完整地记下来，从而使得在每种情况下，你可以毫不犹豫地决策。

玩家的决策

正如我们在上一章中看到的，游戏一开始有一些特定的准备工作。玩家入座后，庄家洗牌，某个玩家切牌，庄家曝光一张牌，在玩家把赌注放到身前的桌面上以后，庄家给每位玩家和自己两张牌。如前所述，庄家的一张是明牌，一张是暗牌。

在这个时候，玩家必须要做出一系列的决策。主要的几个决策包括：如果有机会，是否要分牌，是否要加倍，是否要牌或者停止。一般来讲，玩家是以他手上的牌、庄家的明牌和任何其他看到的牌作为决策依据的。但是，在本章中，玩家只根据他手上的牌和庄家的明牌来做决定，而忽视其他看见过的牌。在本章中介绍的基本策略是仅仅使用独立信息的最佳策略。稍后，采用已出牌和在之前轮次用过的牌的信息，加上自己的暗牌和庄家的明牌，我们还可以改进本策略。

玩家的核心决策（分牌、加倍、停止和要牌）以及他的决策顺序列在图 3-1 中。

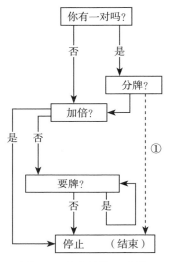

图 3-1　玩家的核心决策

① 记住：当一对 A 分牌时，你在每张 A 后面只允许要一张牌。

基本策略中的要牌与停止

在大部分情况下，玩家都不会分牌或者加倍。因此，他的决策就简化为要牌或者停止。由于这个决策是最简单也是最重要的，我们先学习这个部分，先不考虑分牌和加倍。

在硬点数的情况下，查看表 3-1 就可以决定是否在当前点数停止，还是要一张或者多张来改进自己的点数。

表 3-1　硬点数下的要牌或者停止

你的点数	庄家明牌点数									
	2	3	4	5	6	7	8	9	10	A
17						■	■	■	■	■
16									①	
15										
14									②	
13	■	■								
12			■	■	■					

■　硬点停止数字

① 当你的硬点数是 16 时，需要分情况区别对待：如果你有 2 张牌，也就是 （10，6）或者（9，7）的情况，你应该继续要牌；如果你有 3 张或以上 的牌，例如（6，4，4，2），你应该停止要牌。
② 在庄家点数为 10，你的点数是（7，7）的情况下，应该停止要牌。

　　要注意到表 3-1 告诉我们在点数为 11 或者以下时，无论如何是要牌的。这点顺理成章，因为这时候玩家是不可能爆掉的，所以必须要牌增加点数。

　　表 3-1 提供了图形化的方式用以表示"硬点停止数字"。对于给定庄家的明牌来讲，硬点停止数字就是你停止要牌的最小数字。例如，如果庄家的明牌是 7，表 3-1 告诉我们停止数字是 17，这个是你在硬点数时的点数目标，你在总点数为 17 或者更大时停止，你在总点数为 16 或者更小时要牌。当庄家明牌是 6 时，停止数字就掉到 12 了！现在，你应该在 12 或者更大时停止，在 11 或者更小时要牌。

　　对基本策略已经很熟悉的玩家还可以加入注释中的小

优化，这个注释考虑了当庄家明牌是 10 时的情况。总点数 16 面对庄家 10 点时的改进策略，考虑了玩家的底牌，这预测了未来的结果。

值得一提的是，面对庄家的某一张明牌，如果你在某一点数停止，那么你在更高点数下同样要停止。同样地，如果你在某一点数要牌，那么你在更小点数下同样要要牌。

当你的点数是软点时，根据表 3-2 来决定你是否要牌或者停止。表 3-1 和表 3-2 的解读方法是一致的，但是当比较它们时，我们发现，相对于硬点数，软点数下要牌的总点数要高不少，其中的部分原因很清楚，如下所述。回忆下我们说过的，玩家在硬点 11 或者以下时，要一张牌总是更好的。类似地，在软点 16 或者以下时要牌，不会有任何损失。因为点数是软的，玩家不会由于要一张牌而超过 21 点，因为 A 可以自动按照 1 进行计算。总点数减去 10 可以保护玩家不管拿什么牌都不会爆掉。如果再拿到一张 A，如有必要，它会被计为 1 点，任何其他牌都是 10 点或者以下。

表 3-2　软点数下的要牌或者停止

你的点数	庄家明牌点数									
	2	3	4	5	6	7	8	9	10	A
19								■	■	
18	■	■	■	■	■	■	■			■

■ 　软点停止点数

在软 16 点或以下时，要一张牌不会爆掉，总点数只会好不会差。因为最终总点数为 16 点或小于 16 点，是一样的。如果你停止而庄家爆掉，玩家一样会赢。如果你是 16 点或更小，而庄家没有爆掉，那么按照规则他必然是 17 到 21 中的某个点数，玩家一样是输。这样，庄家会自动战胜总点数是 16 或者以下的。因此，在软点 16 或者更小时要牌没有任何坏处。事实上，你可能会帮到自己。例如，手牌（A，5），如果你再拿到 A，2，3，4，5 中的任何一张牌，你就有机会打平或者赢；手牌（A，2，A），如果你再拿到 3，4，5，6，7 中的任何一张牌，你就有机会打平或者赢。

如果拿到了软 17 点，有一个比较小的可能性会输。如果你停止要牌而庄家拿到 17 点，就平手，你就避免了输掉赌注。可是，如果你在软 17 点时继续要牌，你可能把点数变成小于 17 的硬点数。如果之后你停止要牌，那你比之前还差：如果庄家刚好拿到了 17 点，你现在是输的，而之前是平局。如果你在这个硬点数继续要牌，你可能一下子就爆掉出局。举例来讲，手牌（A，3，3）= 软 17 点，假设再抽到 5，那么变成（A，3，3，5）= 硬 12 点。如果庄家明牌是 5，那么表 3-1 建议停止；如果庄家明牌是 A，表 3-1 建议要牌，如果要到一张 10，结果就是（A，3，3，5，10）=22（即使把 A 算作 1），爆掉。

尽管在软 17 点有可能会把手牌变得更糟，但计算显示改善点数的可能性大于该风险。例如，拿到（A，6），你可能抽到 A，2，3，4，所有这些牌都会改善你的点数。即使你抽到 5，6，7，8，9 或者 10 中的任何一张，你也不会爆掉。如果你愿意，你仍然可以继续抽，去争取一个更好的总点数。

有时候遵循这些指令需要一些意志力。我曾不止一次面临这种纠结的局势，有次在内华达州的某个赌场，我玩"大赌注"的局。用后面章节提到的计牌方法，我知道自己在下一轮有 5% 的优势，因此，我下了最大赌注 500 美元。庄家明牌是 7，我的牌是（A，6），软 17 点。因为剩下的牌里面有大量的 10，我非常肯定庄家的牌是 17。由于，只有 4 张牌会使点数更好——A，2，3，4；5 张牌会使点数更糟——5，6，7，8，9，我极不情愿去要牌，只想平局算了。然而，我还是咬紧牙关要了一张，拿到了 8，现在我是硬 15 点。我屏住呼吸继续要牌，这次我拿到了 A，现在我是硬 16 点。我勉强地再要了一张，让我吃惊的是，居然拿到了 3。现在，我决定在硬 19 点停手。当庄家亮出暗牌时，更让我吃惊的是，他的底牌居然是最后一张 A（一张已经在前面轮次亮出了）。根据规则，他必须停止要牌。基本策略不但让我省了 500 美元，还让我的钱翻倍了。

从表 3-2 中可以看到，软点最小停止点数和硬点类似。于是，对于给定庄家的明牌，如果你的软点数比这个数字小，你就继续要牌；如果你的软点数大于或等于这个数字，就停止要牌。经常练习的读者会很快熟悉表 3-1 和表 3-2 中停止要牌的点数。

假设你现在进入一家赌场去练习这个策略。你从不加倍，从不分牌，从不买保险，你会怎么样？让人吃惊的是，赌场只有 2% 的优势，赌局已经接近公平了。它比最近才被世界著名玩牌专家推荐的方法[8]还要好。

基本策略中的加倍

下面这部分的策略很关键，也很简单，就是加倍。也许，在学会分牌以后再来记忆软点加倍策略要更加方便一些，但是为了完整性，我们在此就讨论软点数的加倍。

就像在图 3-1 中指出的，是否加倍必须要在是否要牌之前决定，决策依据如表 3-3 所示。庄家可能的明牌列在表头，玩家的总点数列在最左侧。为了决定是否加倍，首先看你的总点数是否在左侧列。如果没有在左侧列，你不应该加倍，转而进入下一个决策，即要牌或停止；如果出现在左侧列，找到这一行与庄家明牌的相交空格；假如这个位置是阴影，那就加倍。注意这个表有两个部分，一部分仅对应软点数，另一部分仅对应硬点数。

表 3-3　加倍

软点加倍

你的点数	庄家明牌点数				
	2	3	4	5	6
A, 7		■	■	■	■
A, 6	■	■	■	■	■
A, 5			■	■	■
A, 4			■	■	■
A, 3			■	■	■
A, 2			■	■	■
A, A[1]				■	■

■ 加倍

□ 不要加倍

①只要手牌（A，A）不能分牌，就应该加倍。

硬点加倍

你的点数	庄家明牌点数									
	2	3	4	5	6	7	8	9	10	A
11	■	■	■	■	■	■	■	■	■	■
10	■	■	■	■	■	■	■	■		
9	■	■	■	■	■					
8				②	②					

■ 加倍

□ 不要加倍

②除了手牌为（6，2）的情况，都应该加倍。

　　为了说明如何使用表 3-3，假设庄家明牌是 3，你的底牌是（A，6）或者是软 17 点。找到对应位置，你会发现是阴影格，因此你应该加倍。

　　在表 3-3 中，我们需要注意如下几点：首先，有些点数不管是软的还是硬的，都不加倍。其次，硬点数时总在 11 或者更小时才加倍；软点数时总在 13 或者更大时加倍。在软 12 点的时候，加倍有时候比要牌好。不过如果软 12 点意味着一对 A，这时候分牌比加倍好多了。

　　我们注意到在硬 11 点的时候总是加倍。对于硬 10 点，除了对庄家的 A 和 10 以外，玩家都加倍。除非后续抽到一张 A，否则硬 10 点总比硬 11 点稍稍差一点，因为前者的总点数总是比后者的总点数少 1 点。硬 9 点比硬 10 点更差一些，然后在硬 8 点时加倍的情形非常少。事实上，在硬 8 点时加倍很少见，收益也少得可怜，因此你在实践中可以忽略它。

　　显而易见，这个表告诉我们，当庄家拿到 7，8，9，10，A 时，玩家永远不要用软点数加倍。

　　如果不用数学推导，很难解释加倍策略的原理，但其实实践一下你很快就能铭记于心。由于在拉斯维加斯的银拖鞋赌场（Silver Slipper）玩过的一手牌，我永远记得软 13 点对庄家 5 应该加倍。那次，我和朋友想去看看，在我们赢了很多钱以后，赌场是否还让我们继续玩。我的赌注在 1 美元到 10 美元之间变动。（其实现阶段在 1 美元到 3 美元之间变动比较明智，数以千计的《击败庄家》的读者在赌场里已经交了许多学费。）因为我经常下注 1 美元，所以我们同意绝不把赌注提高到超过 10 美元——那样会引起关注。但是，一个非常吸引人的情况出现了（对庄家有 6% 的优势）。我无法拒绝！我一把押了 30 美元。让我满意的是，庄家的明牌是 5，是对玩家最有利的牌。我非常自信地翻开自己的底牌（A，2）选择了加倍。我根本懒得看发给我的牌，因为我估计庄家的底牌是 10，然后要一张牌就直接爆掉。让我震惊的是，庄家的底牌是 4，然后他又要了一张 10，总点数为 19。我抱定了输的打算，但当庄家打开我的底牌时，居然是一张 7！

　　庄家的表情很奇怪，好运气只是其一，主要是我提前下了重注好像我能预知未来。（当然，我在有限的程度上是可以的，尽管在这一手牌的细节上我错得离谱。）庄家没有意识到的是，他拿到 4 其实是幸运的，尽管我后来拿到了 7。基本策略的一个特征是：应用它的玩家比一般玩家显著地"好运"许多。在这个案例里，我的"好运"被尴尬地证明了。

　　一旦你掌握了硬点数的加倍策略，你就进一步将赌场的优势降低到了 1% 以内。

基本策略中的分牌

　　记住要牌、停止要牌和硬点数的加倍策略（包括软点数的加倍）以后，你可以把分牌策略也考虑进去了。我们首先介绍详细的分牌策略，然后给出一个简单的学习方法。

　　如果你有一对牌，图 3-1 显示在加倍和是否要牌之前，你的第一个决定是：是否分牌。你可以依据表 3-4 做出分牌决策。在这张表里面，庄家的可能明牌列在首行，玩家的可能对子列在最左侧。如果你有对子，从庄家明牌列往下找到你的对子所在行，锁定单元格。如果单元格是空白的，不分牌，然后依据表 3-3 进行下一步；如果单元格是阴影的，先分牌，然后依据表 3-3 进行下一步。如果你没有对子（大约七分之六的可能性），跳过表 3-4，直接参照表 3-3。

　　如果表 3-4 看起来太复杂，你可以用一套近似的规则来代替，就是：一对 A 和一对 8，永远分牌；一对 4、一对 5 和一对 10，永远不要分牌；对其他对子，庄家明牌是 2 到 7 时分牌。表 3-4 中的深色线表示了这套规则。注意到这套近似规则只有 5 个错误，有些错误其实蛮严重的，但是这些情况比较少出现，因此带给庄家的优势增加量只有 0.13%。一旦你学会了近似的分牌规则，配合加倍策略和是否要牌策略，你就可以详细学习分牌策略了。

表 3-4　分牌

你的点数	庄家明牌点数									
	2	3	4	5	6	7	8	9	10	A
A, A	■	■	■	■	■	■	■	■	■	■
10, 10										
9, 9	■	■	■	■	■		■	■		
8, 8	■	■	■	■	■	■	■	■	■	■
7, 7	■	■	■	■	■	■				
6, 6	■	■	■	■	■					
5, 5										
4, 4				■						
3, 3	■	■	■	■	■	■				
2, 2	■	■	■	■	■	■				

■ 分牌

□ 不要分牌

按照方块排列的图形化，表 3-4 中的 100 个信息点就容易被记住。举例来讲，规则"一对 A 和一对 8，永远分牌；一对 5 和一对 10，永远不要分牌"包含了 40 个格子。规则背后的原因能够帮助记忆。[⊖]一对 A 必须要分牌，因为分牌以后每一路获得赢手（甚至是 21 点）的机会非常大，然而不分的话（A，A）仅仅是软 12 点，要不加倍，要不要牌或者停止。

如果庄家明牌是 7，8，9，10 或者 A，玩家拿到 8 应该分牌，不只因为每一路从 8 开始还有机会拿到大牌，更因为总的来说 16 点实在是太差了。16 点不好是因为：当

⊖ 这些"原因"仅仅是实际情形的粗略描述，精确的叙述可以在附录中找到。我们给出"原因"是为了帮助你在不需要借助数学工具的情况下理解规则。需要进一步研究的读者请参见参考文献 [14]。

庄家的明牌是7或者更高时，他不容易爆掉，如果不爆掉，他就铁定赢了16点。所以，把一对8分开，是为了"拯救"一手坏牌。

看上去新手牌没有那么不好（事实上，它们关乎赢牌概率），即使你押上了新的赌注，你的净亏损还是显著地下降了。当庄家明牌是2，3，4，5或者6时，一对8的分牌得益于两个方面：第一，一手差牌被两手平均牌取代了；第二，庄家在以上明牌的时候爆掉的机会很大，因此在赌桌上多押一些钱是有利的。

一对10分牌是不好的，因为它把一手非常好的牌（20点）变成了两手稍优于平均的牌。对5分牌没有好处，因为它把一手可以加倍、可以要牌的好牌，变成了两路差牌。

注意对于一对2，一对3和一对6，策略是一样的——当庄家明牌是2到7时分牌。

对于7的策略在我脑中挥之不去，仅仅因为当庄家明牌是2～8时，7应该分牌，而8比7多一点。对于9，当庄家明牌为从2到9时分牌（9-9很容易记），只有一个例外：当庄家明牌是7时，不要对9分牌。这里有一个方法记住这个例外：2张9的总点数是18，如果庄家明牌是7，总点数17是远高于平均水平的（见附录表1，庄家的概率）；我们可以选择停止，以期望战胜庄家。

表 3-5 基本策略迷你全图

分牌

你的点数	庄家明牌点数									
	2	3	4	5	6	7	8	9	10	A
A，A										
10，10										
9，9										
8，8										
7，7										
6，6										
5，5										
4，4										
3，3										
2，2										

■ 分牌　　□ 不要分牌

硬点加倍

你的点数	庄家明牌点数									
	2	3	4	5	6	7	8	9	10	A
11										
10										
9										
8				①	①					

■ 加倍　　□ 不要加倍

① 除了你的手牌为（6，2）的情况以外，都应该加倍。

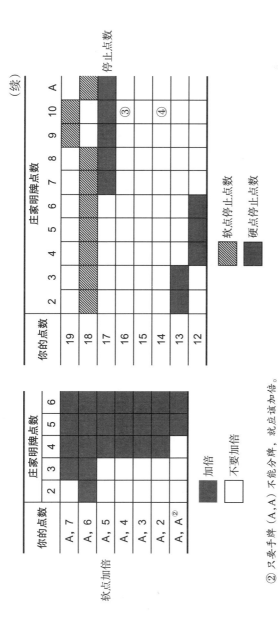

（续）

软点停止点数
硬点停止点数

② 只要手牌（A，A）不能分牌，就应该加倍。

加倍
不要加倍

③ 当你的硬点数是 16 时，需要分情况别对待：如果你有 2 张牌，也就是（10，6）或者（9，7）的情况，你应该继续要牌；如果你有 3 张或以上的牌，例如（6，4，4，2），你应该停止要牌。
④ 当庄家点数为 10，你的点数是（7，7）的情况，应该停止要牌。

　　表 3-1 至表 3-4 可以用表 3-5 中群组的方式进行表示。表 3-5 中微型化的汇总表示方式，也会在我们的制胜策略中使用。

　　第一眼看上去，表 3-5 也许有歧义。例如，持有（A，6）对庄家明牌 4，玩家应该加倍还是仅仅要牌？看图 3-1，玩家应该首先考虑加倍，然后表 3-5 建议加倍，因此玩家应加倍。

使用基本策略的预期结果

　　现在，你对基本策略已经足够熟悉，可以实际检验了。

　　一般来讲，即使你应用基本策略，你和赌场的胜率还是打平的，但以下的数据会鼓励你去应用该策略。表 3-6 展示了在每手 1 美元的情况下，玩 100 手（取决于庄家的速度和桌上的人数，一般需要 30 分钟到 1.5 个小时）和 1000 手（取决于上述条件，一般需要 5 ～ 15 个小时）的预期结果。如果每手的赌注不一样，则将表中数字乘以相应的赌注额就可以。举例来说，如果你每手下注 5 美元，则乘以 5；如果你每手下注 50 美分，则乘以 0.5（或者除以 2）。1000 次 1 美元赌注的平均收益是 1 美元，100 次 1 美元赌注的平均收益是 10 美分。因此，我们认为基本策略本质上是平局：对任何一方都没有真正的优势。

表 3-6　使用基本策略的结果

（在每手 1 美元的情况下，玩 100 手）

可能发生的 百分比大约为	收益结果[1]	
	介于	至
0.01	−$19.9	更少
0.1	−14.9	−$19.9
2.1	−9.9	−14.9
13.6	−4.9	−4.9
34.1	0.1	−4.9
34.1	5.1	0.1
13.6	10.1	5.1
2.1	15.1	10.1
0.1	20.1	15.1
0.01	更高	20.1

（在每户 1 美元的情况下，玩 1000 手）

可能发生的 百分比大约为	收益结果[1]	
	介于	至
0.01	−$62.2	更少
0.1	−46.4	−$62.2
2.1	−30.6	−46.4
13.6	−14.8	−30.6
34.1	1.0	−14.8
34.1	16.8	1.0
13.6	32.6	16.8
2.1	48.4	32.6
0.1	64.2	48.4
0.01	更高	64.2

①收益为负数表示亏损。

表 3-7 展示了鲍德温等[3] 得出的结果（其策略与基本策略本质上一致）。

表 3-7　鲍德温等得出的结果

所玩的手数	收益
930	$38.50
770	−56.00
1140	−4.50
690	−4.00
3530	−$26.00

在表 3-7 中，每组的局数非常接近 1000，我们可以假设每组局数就是 1000，因此，我们可以用表 3-6 的第二部分对表 3-7 中的结果做一个大致的检查。除了有个大的偏差 −56 美元外，一切都是正常的。如果这仅仅是由运气造成的，那么这个偏差就是少有的情况。表 3-6 告诉我们，如果玩 1000 手，亏 56 美元以上的概率小于 0.1%。如果玩的次数少，像表 3-7 中的 770 次，这种偏离的机会会更小。事实上，计算结果显示，如果每手 1 美元玩 770 手，亏损超过 56 美元的概率大约是 0.01%，即这种概率大约是 10 000:1。

与其他 21 点策略及其他赌场游戏的比较

我们之前提及过基本策略优于其他 21 点策略，也优于其他公布的任何赌场游戏的任何策略。表 3-8 和 3-9 列出了具体的数值。

表 3-8　基本策略和其他 21 点策略的对比

21 点策略	玩家的优势（%）
基本策略	大致在 -1 ～ 1 的范围内；一般是 +0.1
纸牌专家[8]	-3.2
模仿庄家策略	-5.7
一般赌场玩家	-15.00 ～ -2.00
从不爆掉的策略	-6.0（估算）

表 3-9　其他赌场游戏的最佳策略与基本策略的比较

游戏	玩家的优势（最佳玩法）(%)
21 点，基本策略	+0.13；大致在 -1 ～ +1 的范围内
双骰儿	-1.40（可能会跌至 -0.6[80]）
轮盘赌（欧式）	-1.35
轮盘赌（美式）	-5.26 ～ -2.70
内华达百家乐	-1.06（庄家）[70]
菲罗纸牌①	-1.24（玩家）[70]
	平均 -1.52；范围为 -30.0 ～ 0[80]

① 在这个正在销声匿迹的游戏中，荷官会对持续下对等赌注的计牌者（0% 的优势）表示不高兴。只有在玩家知道牌箱中的哪些牌是被用过的情况下，才能取得表中的优势。

一些常见的 21 点游戏的误区

21 点游戏的基本策略首先由鲍德温等[2]在本书开始写作的 4 年前出版（其中有些不太明显的错误⊖）。然而，

⊖　我们称之为不太明显的错误是因为它们仅仅让玩家损失了 0.04% 的优势。

带有致命错误的 21 点策略层出不穷。[⊖] 在下面的讨论中，我们会设计一些实验来展示几个更为明显的错误。有些实验只占用读者不超过 1 个小时的时间。每个实验都将揭示一个与基本策略相比较的常见策略的错误。

实验将向任何实践过的人们证明基本策略在这些节点上是正确的，而其他策略则存在明显的纰漏。研究这些实验你可以自己设计实验，来验证基本策略和其他策略的显著区别。原则上，我们可以验证任何分歧，不仅仅是大的分歧；但是对于很接近的决策，需要花费相当长的时间。

本章后续引用的表都在附录里。现在还不需要去理解这些表，重要的是要理解如何通过实验来验证策略。

实验一：硬 16 点面对庄家 A，是要牌还是停止要牌

表 2a 告诉我们，当庄家明牌是 A 时，玩家在硬 16 点时应该要牌而不是停止，这样能增加平均 14.6% 的优势。换言之，在硬 16 点时停止而不是要牌会花费玩家平均 14.6% 的优势。下述实验设计用来验证这点。从一副牌中取出一张 A，面朝上放在桌上，这表示庄家的明牌。接着，

⊖   在本节中，我们仅将基本策略与那些不需要计牌的策略进行比较。

在一张卡片上写上 16，放在你面前，这表示你的硬点数。

当然，这与实际情况不是完全一致的。在赌局中，玩家实际组成 16 点的牌会影响要牌的优势概率。可以想象，如果这个硬 16 点是由很多张小牌组成的，停止要牌或许会更明智。举例来说，考虑一种类似情形下的决策，即庄家明牌是 10，玩家硬 16 点决定是否要牌，根据表 2a，要牌比停止可以平均提高 2.9% 的优势。但是当玩家的 16 点是由（4，4，4，4）组成的时候，根据布劳恩（J. H. Braun）的研究，精确的计算结果是停止要牌获得 6.382% 的优势。

在我们的实验中，用一张纸写上数字的目的是这样的：玩家可以用我们的实验来代替实战的一局，同时记录要牌或者停止的结果。他的平均长期结果应该在 14.6% 的上下零点几个百分点内浮动。因此，通过这种总纸点的方式，我们可以节约大量时间，省去大量麻烦。对于其他实验，这些考虑也同样适用。

让我们回到实验。洗牌以后，发 200 手牌。假设你在硬 16 点时停止要牌，发一张牌给庄家（作为暗牌）。如果他拿到了天成，则去掉这张 10 点牌，不记录结果。我们这样做是因为，只有在庄家检查暗牌以后发现没有天成，才会有硬 16 点以后是否要牌的问题。如果暗牌不是 10，则继续发牌，直到爆掉，或者取得硬／软 17 点或者更大。如果庄家爆掉，你赢；如果他没有爆掉，你输。记录结果。去掉用过的牌，发下一手牌。当 100 手这样的牌局结束以后，玩家平均会赢 17 局，而输掉其他的。这基本符合表 3 的论断，即玩家在庄家明牌 A 的情形下停在 16 点，输牌的概率是 66%。

接着，发 200 手牌，如下所述。给庄家发一张牌（暗牌），如果是 10 点，去掉，然后发另一张，理由同上。现在，假设你在 16 点时，再要一张牌（也仅仅是一张牌），如果爆掉，你就输了。去掉用过的牌，记录输掉的结果。如果你没有爆掉，那么就是落在硬 17 点和 21 点之间。你自己不再要牌了，而是给庄家要一张牌，直到他爆掉或者总点数是 17 或者更大。记录你赢、平或者输的结果，然后继续下一手。

你"赢"的百分比，就是赢局的数量加上平局数量的一半（举例来讲，如果每局都是平手，就等同于赢了一半输了一半）。在这次实验中，每 100 手平均赢局的数量是 24.3。因此，玩 200 局 16 点对 A，用后面的方法会多赢 2 ×（24.3−17）即 14.6 局。但是，在每组实验中，结果可能与上述数字有偏差。事实上，每 50 次有 1 次，在硬 16 点对庄家 A 时，停止要牌会比要牌好。

实验二：硬 10 点面对庄家 A，加倍

　　这个实验的实施与上一个实验基本一致。因为有着 6.1% 的最大差别，我们选择暗牌（8，2）来缩短实验时间。6.1% 这个数字是从表 4j 中得到的，从表中我们可以看到，持有（8，2）对庄家 A，如果我们简单地要牌，直至达到一个合适的点数，从长期来看我们可以赢到赌注的 8.6%。但是如果选择加倍，从长期来看只能赢到赌注的 2.5%，两者相差 6.1%。玩 400 手加倍的牌，然后用赢的手数减去输的手数，接着，把这个数字乘以 2 以反映你的加倍，这就是你玩 400 手面对 A 的加倍策略的总利润。像之前一样，记得把庄家的天成牌忽略。如果庄家拿到暗牌 10 点，就再发一张。

　　然后，依据面对 A 的正确的要牌与停止要牌策略（见表 3-5）玩 400 手牌。用赢的数量减去输的数量得到玩 400 手的利润，平均下来，你赢的局数[⊖]会比输的局数多 17.2 次。选择加倍，平均多赢的局数是 5.0 局。

实验三：面对庄家明牌 5，对 6 分牌

　　依据表 4f，分牌比停止要牌的优势高 17.2+10.2 即

　　⊖　局数和手数在本书中等同使用。——译者注

27.4 个百分点。如果你停止要牌，玩 100 手牌你净输 10.2 局。如果你分牌，你的 100 手牌变成 200 手牌，其中你赢的手数会比输的手数多 17.2 或者更多。采用分牌而不是停止要牌，你会在这原始的 100 手牌中多赢 27.4 局。每种牌型 50 手的差别就是决定性的。

模仿庄家

引用鲍德温等[2]的话，"模仿庄家的策略，16 点或以下就要牌，17 点或以上就停止要牌，从不分牌与加倍，预期收益是 −0.056"。也就是说，庄家有 5.6% 的优势。

让我们通过计算玩家模仿庄家策略来演示如何应用表 1。首先注意到，当玩家遵循这些规则的时候，除了两种情况，这个游戏是对称的。如果庄家和玩家都爆掉，则庄家赢。在模拟中，我们假设在玩家爆掉的情况下，庄家仍旧拿牌，如果爆掉，则按爆掉计算，这对庄家有利。庄家获得的优势就是庄家和玩家同时爆掉的概率。因为假设庄家和玩家采用相同的策略，则表 1（庄家的概率）对庄家和玩家同样适用。每方爆掉的概率是 0.2836（假设独立同分布，虽然不是严格精确但在牌是完整的情况下，足够近似），同时爆掉的概率是 0.2836×0.2836，即 8.04%，这是庄家的优势。第二个不对称的情况是玩家拿到天成时赢得 1.5 倍，而庄家不是，庄家在拿到天成时只赢 1 倍。每方有 4.68% 的机会拿到天成，从这个角度上讲，玩家得到其中的一半，也就是 2.34%。综上，庄家的净优势就是（8.07-2.34）[⊖] 即 5.73 个百分点。

从不爆掉的策略

另一个有趣的数字，是计算庄家在对一个在可能爆掉时从不要牌的玩家的概率优势。首先我们要说明这意味着玩家的硬点停止要牌点数是 12。但是，软点停止要牌点数是不确定的。这样，这个问题按字面来看就是没有意义的。由于这个问题无从回答，我们假定软点停止要牌点数是 17，然后继续讨论。如前所述，常识告诉我们软点停止要牌点数至少是 17。我们知道 18 点永远比 17 点要好，因此软 17 点输牌的概率比软 18 点要大许多。我们把这种稀奇的策略称为"保守"策略。

我们断定庄家对使用"保守"策略的玩家的优势是 5 到 8 个百分点。我们的证据来自三个方面。第一，我们进行了一个实验，分 6 组，每组 100 手，采用保守策略。玩

⊖ 此处可能存在笔误。按照上文理解，此处应为 8.04-2.34 即 5.70。——译者注

家净输的局数在 2 ～ 13 之间分布，平均是 7。这与我们的数字 5 ～ 8 个百分点是一致的。因为 600 这个数字是提前就选定的，不受实验结果的影响，所以标准概率论中的公式适用于这些数据。我们的结论是庄家的优势几乎可以确定在 3 ～ 11 个百分点之间。第二，我们进行了手工计算（这相对容易，因为硬点停止要牌点数很小），证明这个数字是在 10% 以下的。第三，也是最好的，鲍德温和他的合作者给出了一个数字 4.75%，这是庄家对一个在硬 12 点时停止要牌、从不加倍、只对 A 和 8 分牌的玩家的优势。（他们没有给出软点停止要牌点数。）可以证明，对玩家来说，对 A 和 8 进行分牌增加了不到 1% 的优势。软点停止要牌点数如果有更好的选择，其带来的优势大概在 1% ～ 2% 之间。因此，从这个层面估计出的真实数字在 5 或 6 到 8 个百分点之间。

给理发师剪发的人⊖

上述保守策略的劣势可以通过我的朋友，即"给理发师理发的人"圣费尔南多谷州立大学（San Fernando Valley State College）数学系约翰·布拉特纳（John Blattner）教授

⊖　小节名出自罗素的理发师悖论。——译者注

的经历体现出来。[⊖]

　　有一天，布拉特纳和他的理发师聊起 21 点。当布拉特纳告诉理发师，他的朋友写了一本书教授如何稳定地战胜庄家，理发师嘲笑道："这太简单了。"他说，"任何人只要避免爆掉（永远在硬 12 点停止要牌）都可以赢"。布拉特纳试图告诉理发师他错了，但徒劳无功。最后等下班后，理发师和我朋友开了一局。布拉特纳带了 160 美元。玩每手 5 美元和 10 美元，理发师很快输掉了这么多钱。他始终断定布拉特纳是他见过的最幸运的人。在输光了 160 美元以后，理发师拒绝收手。他要求翻本，每手玩 20 美元。当他输了 1200 美元以后，他的运气开始翻转。他赢回了 300 美元。然后好运气用完了。最后，他在输了 1500 美元以后放弃了。

　　理发师至今认为布拉特纳是运气好。他不肯付钱。最终，他决定给布拉特纳免费理发。一年以后，他哭诉说日子艰难，又开始向布拉特纳收钱了。（理发师口口声声说他总有一天会还钱给布拉特纳的。）问题来了：布拉特纳有没有给理发师剪过头发？

　　⊖ 正如我们将看到的，本故事中有一点数学的悖论。对没有数学背景的读者，我们介绍一下伯特兰·罗素的著名悖论。假设在某个小镇上，一个理发师给并且只给所有这样的人理发：不给自己理发的人。（我们假设一个人的头发总是由同一个人修理。）那么谁来给理发师理发？如果有另一个人给理发师理发，那么必须要由该理发师给自己理发。这不可能！如果理发师给自己理发，那么不可能是理发师给理发师理发。这不可能！到底谁给理发师理发呢？

第 4 章

制胜策略

　　赌客们很快就会从经验中得出结论：和运气相关的游戏有可能会偏向某一方。也就是说，如果一个游戏玩足够长的时间（长期玩），占优势的一方赢的比例会接近某一个固定的数字。现代的赌场游戏已经证明赌场是有利的一方。如有必要，赌场可以调整规则，保证其优势可以足够应对开支并保持投资人理想的利润率。

　　总的下注额被称为"赌本"。举例来讲，如果我的下注额分别是3美元、2美元和11美元，我的赌本就是16美元。一个有特定数额资产的玩家，在最终输光所有资产之前，通常会浮赢几倍初始资产作为赌本，这使得赌博变得很有吸引力。

常见的游戏误区

　　玩家们进行了很多尝试，去破解庄家的优势。一个常用的手段就是采用各种方法调整每一手的下注额，这类方法有些简单，有些相当复杂。以小马丁（Small Martingale）系统（更好的名字是"加倍法"）为例，玩家的初始赌注是1美元，如果输了，就下注2美元，然后是4美元，8美元，16美元，以此类推，不断加倍赌注直到他赢为止。然后，又从1美元开始下注，下注金额总是比一连串输掉的总和多 1 美元。赢利的赌注要么是 1 美元，要么是连续亏损以后的下注额。因此，从上次赢利结束开始计算，并且玩家持续下注，每次盈利的利润就是 1 美元。但是，这个系统有一个瑕疵，即赌场永远对下注额有一个限制。假设限额是 500 美元，我们从 1 美元开始下注。如果有连续 9 次亏损（1 美元，2 美元，4 美元，8 美元，16 美元，32 美元，64 美元，128 美元，256 美元），用"加倍法"的下一个赌注是 512 美元，但是赌场不允许。

从实践来看，即使玩家采用加倍法，赌场通过对赌注设限，也能够赢到总下注额的一定比例。因此，加倍法不能给玩家带来优势。另外一些复杂的下注策略也都有类似的瑕疵。我们后面可以用数学证明，这毫不奇怪，对于绝大多数赌博游戏来讲，没有任何下注策略可以对赌场的长期收益产生影响。

对于"独立随机过程"的游戏（掷骰子和轮盘⊖），以上结论是被证明的事实。"独立随机过程"是指游戏中的每一局都不受前面结果的影响，同时也不影响后面的结果。举例来讲，假设我们洗牌时抽出一张，是黑桃 4。然后我们把牌放回去，再彻底洗牌。如果我们再抽一张，抽出黑

⊖ 我们假定"完美"的骰子和"完美"的轮盘。对于试图战胜有瑕疵的轮盘赌的尝试，请参见参考文献[80]。

桃 4 的概率和其他 51 张牌是一模一样的，既不多也不少。正如谚语所说"扑克牌是没有记忆的"。

21 点游戏中相关性的重要性

与上述情况不同，在赌场的 21 点游戏中，扑克牌是有记忆的！一轮发牌的结果会影响下一轮甚至下下轮的结果。因此，21 点游戏是上面所说独立随机过程游戏的数学结论的例外。

举例来讲，赌局从一副充分洗匀的新牌开始，第一轮就出现了 4 张 A。这轮结束以后，这些牌面朝上放在最后，第二轮从剩余的牌中抽取。那么，第二轮中就没有 A 了，就没有天成，没有软点，也没有 A 的分牌了（A 的分牌对玩家极为有利）。这种没有 A 的情况（后面我们会看到，平均来讲，玩家会有 3% 的劣势）会继续，直到重新洗牌，A 才会回到游戏。

几年前，某个赌场做了一个尝试，从一副牌中取走了 4 张 10 和 1 张 9。我们计算得出结果，这给了赌场 2.5% 的优势。这个骗局被内华达博彩管制局揭穿，这家赌场也被告上法庭，最终，这家赌场的牌照被吊销。但是法庭上有一个趣闻。赌场运营者是个实践派，完全不懂理论。他们知道缺牌能帮到他们，至于是多少，却完全不知道。因此，面对一个专家指控他们给玩家带来 25% 的劣势时（而不是 2.5%）他们竟然无言以对。

利用有利条件

本书中给出的制胜策略基于以下事实，在游戏中，一副牌的组成不断变化，优势会在玩家和庄家之间切换。优势通常在 10% 以内，但在极端情况下可以到 100%。我们看到在第一轮中玩过的牌，一般来讲，这些牌会在下一轮中消失这个事实，会使得庄家的优势增加或者减少。

接下来，更多的牌从牌堆中发出，优势在玩家和庄家之间切换，我们可以在玩家占优的时候下大赌注，而在庄家占优的时候下小赌注。结果是：玩家即使输了押小赌注的、占劣势的大部分赌局，但赢得押大赌注的、占优势的大部分赌局，从而获得可观的利润。

这里有一个很特别的玩家占优的例子，其在精确的计点系统里面也很难发生。假设你在玩"独占"庄家：你是赌桌上唯一的玩家。还假设你记住了所有发出的牌：你知道所有未发的牌，从而精确地知道下一轮是 2 张 7 和 4 张

8。[一]你应该下多少赌注？答案是：赌场允许的最大限额。即使你需要借钱，你也要去借，因为你会赢，你只需要要两张牌然后停止。

分析如下。假设你要了两张牌然后停止，你没有爆掉，暂时安全。庄家翻看底牌时，他会发现是（7，7），（7，8）或者（8，8）中的一种，因为总点数小于17，他必须继续要牌。如果他拿着（7，7），那么剩下的牌没有7，所以他一定拿到8然后爆掉；如果他拿着（7，8）或者（8，8），不管拿到7还是8，他都会爆掉。因此，庄家无论如何都会爆掉，你赢！

这引导我们思考如何分析并解决21点的核心问题：玩家如何评价牌局并判断是占优还是占劣，如果占优，精确的数字是多少呢？这个命题通过询问IBM 704高速计算机一系列的问题得以解决[一]了。第一个问题是：假设一副牌被抽走4张A，对玩家来讲，可能的最佳策略是如何的？庄家（或玩家）的优势是多少？换言之，计算机要做的事情与寻找基本策略相同，但有一个区别，那就是它必须解

[一]　这里的核心是在后面的牌中至少有3张8，至多有2张7。举例来讲，如果赌场不发最后一张牌（通常的做法），2张7和3张8在本例中就不再灵验了。

[一]　我通过一些高度的近似值解决了这个问题，IBM公司的朱利安·布劳恩进行了更为精确的计算。在本书的修订版中所有可能的地方，我们用重新计算的数字取代了之前的数字。

决缺少 4 张 A 的问题。

结果是值得一提的，当一副牌少了 4 张 A 时，在最佳策略下，玩家也有 2.42 个百分点的劣势。看起来，少 4 张 A 的影响比少其他任何 4 张牌都要大，因为 A 在游戏中扮演了独一无二的角色，它们对于天成和软点至关重要，同时它们也是最有利的对子。在任何时候只要它们出现，它们就会帮助玩家。这样，一些玩家会假定牌局中 A 的比例的波动比其他任何牌的比例的波动对结果的影响都要大，所以我们只要简单地研究 A 就可以了。然而，我们在后面会看到，仅仅研究 A 的比例并没有带来压倒性的优势。

然后，计算机被要求分别计算在一副牌缺少 4 张 2、4 张 3 等情况下采用基本策略的优势或者劣势，相应的结果列在表 4-1 中。我们对相应的最佳策略进行了计算，但为了节省篇幅，在此忽略。

表 4-1 特定的牌堆给玩家带来的优势和劣势

牌堆的描述	最佳策略的优势（%）
整副牌	0.13
Q（1）=0	−2.42
Q（2）=0	1.75
Q（3）=0	2.14
Q（4）=0	2.64
Q（5）=0	3.58
Q（6）=0	2.40
Q（7）=0	2.05
Q（8）=0	0.43

（续）

牌堆的描述	最佳策略的优势（%）
Q（9）=0	−0.41
Q（10）=0	1.62
1/2 副牌	0.85[0.93]
2 副牌	−0.25
4 副牌	−0.41
5 000 副牌	−0.58
Q（10）=4	−2.14[1]
Q（10）=8	−3.13
Q（10）=12	−1.85
Q（10）=20	1.89[2.22]
Q（10）=24	3.51[4.24]
Q（10）=28	5.06[1][6.10[1]]
Q（10）=32	6.48[1][7.75[1]]
Q（10）=36	7.66[9.11]
Q（9）=Q（10）=0	9.92[1]
Q（8）=Q（9）=Q（10）=0	19.98[1]
Q（5）=…=Q（10）=0	78.14

关键：$Q(X)=Y$ 表示从一副牌里面抽走一张或几张点数为 X 的牌，抽走之后，该点数的牌只剩下 Y 张。例如，Q（2）=3 表示一副牌里面只剩下 3 张 2，而在正常情况下是有 4 张 2 的。"2 副牌"表示将本来各有 52 张牌的 2 副牌混成 1 副牌。保险会为玩家在 Q（2）=0 至 Q（9）=0 的情况下添上 0.12% 的优势。只要玩家的暗牌中不存在 10 就上保险。当 Q（10）≥20 的时候，玩家的优势如方括号中的数字所示。当 Q（10）≥20 的时候总要上保险。

①约等于。

表 4-1 告诉我们缺少 2～8 的牌会给玩家带来优势，而这些牌太多则会带来劣势。相反地，缺少 9，10 和 A 会损害玩家，而这些牌多则会帮助玩家。一系列的制胜策略就是基于计算一种或多种牌得到的。一个好的也是简单的制胜策略就是基于计算 5，本章稍后会详细介绍。那些觉得基本策略困难的读者可以把计 5 策略作为第一个制胜策略

来学习。

　　相反地，很容易就理解基本策略的读者可以学习下一章中的计点策略作为第一个制胜策略。它相比计5策略有很多优势，而且只是轻微地提高了难度。这些读者可能就没必要浪费大量时间来练习计5策略了。但是，本章后面的讨论对于后续的策略至关重要，读者还是应该通读一遍，理解以后利于掌握更为强大的策略。

第一个制胜策略——计5策略

　　表4-1说明当4张同点数的牌从一副牌中除去，除去5带来的玩家和庄家之间的优势变化是最大的，这个效应甚至大于除去4张A。更重要的是，除去4张5带来3.6%的优势是给玩家的。

　　现在，假设一副牌里面没有5，但是其他牌都是充足的，因此，在下一轮中就不会有5出现。数学上可以证明，这等同于拿一副没有5的牌来进行游戏。我们不想在这里给出详细的解释，只是指出：如果玩家知道下一轮没有5，并且他遵循计5策略，那么他将获得表4-1中给出的3.6%的优势。

　　表4-2给出了计5策略，其格式与表3-5一致。

表 4-2　当玩家知道下一轮没有 5 时的最优策略①

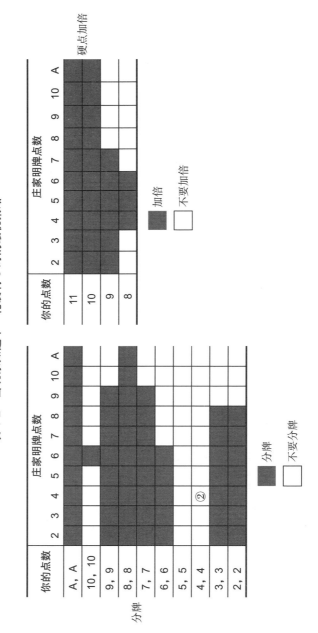

（续）

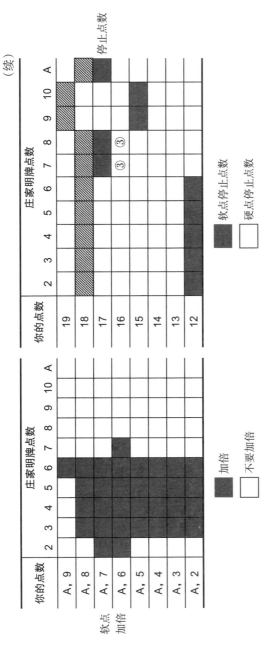

（左表）你的点数　软点加倍　庄家明牌点数
加倍（■）　不要加倍（□）

（右表）你的点数　庄家明牌点数
软点停止点数（■）　硬点停止点数（□）

① 分牌策略表里的行（5，5）和所有 5 点的列（庄家点数为 5），都是没有意义的，这些虚拟的方格之所以保留，是因为我要跟表 3-5 保持一致。我们采用这个方式来画表是为了方便记忆。

② 只在 8 不能加倍的情况下才分牌。

③ 当你的硬点数是 16 时，需要分情况区别对待：如果你有 2 张牌，也就是（10，6）或者（9，7）的情况，你应该继续要牌；如果你有 3 张或以上的牌，例如（6，4，4，2），你应该停止要牌。

我们注意到计 5 策略与整副牌的基本策略类似，这使得玩家容易记住。应特别注意到：两者的软点停止点数一模一样；当没有 5 时基本的加倍策略一模一样；除了一对 6 对庄家 7 的时候不分牌外，其余的分牌策略一模一样。

事实上，当没有 5 时，我们完全可以按照基本策略操作，仅对硬点停止要牌策略进行调整，误差仅仅产生在忽略了分牌和加倍的若干种情形下。它们的影响可以忽略不计，玩家的优势只从 3.6% 降低到 3.4% 而已。我建议这样做，是为了降低记忆的负担。在后续的计算和讨论中，我们称之为"简化版的计 5 策略"。

我们现在来陈述一个简单的 21 点制胜策略。一开始用标准的基本策略下"小"注，看着发出的牌，记住 5 的出现次数。当你看到所有 5 都出现了，确认下一轮还有足够的牌可以发，这就意味着下一轮 5 将不会出现。

现在，你要在发牌之前下注，然而，你知道你有多于 3% 的优势，所以，适当地加大赌注，在发牌以后，应用简化版的计 5 策略。也有这种情况，即在某一轮开始时，还有 5，但是在这一轮中，剩余的 5 都出现了，这时，玩家应该切换到简化版的计 5 策略。例如，玩家是硬点 7，面对庄家明牌 2，假设玩家要牌拿到了最后一张 5，此时他是硬 12 点。基本策略要求他继续要牌，然而，现在可以应用计 5 策略，据此他应该停止要牌。

这可以被认为是计 5 策略的一个小优化，而不是核心内容。这个小优化提高了玩家下小赌注的获胜概率，即在玩的过程中出现最后一张 5 的轮次。

假设你在牌堆 Q（5）= 0 时下大注，否则下小注。当你下大注的时候，你的长期优势是 3%；当你下小注的时候，你的劣势大约是亏 0.2%。⊖如果大赌注相对小赌注足够大，并且有利情形出现得足够频繁，那么下大赌注时的盈利可以抵消下小赌注时的亏损，还留下了足够的利润空间。

为了使得我们的策略指令足够完整，我们还需要回答一系列的问题。

（1）你如何判断牌堆足够下一轮使用？

（2）有利情况多久会出现一次？

（3）相对小赌注而言，大赌注多少算大？

（4）你赚钱的速度能有多快？

（5）风险在哪里？

⊖ 读者可能会好奇，为什么在计 5 策略中，小注的优势不是基本策略中的 0.1%。原因是当缺少 5 时，小注策略就不用了，因此，一些有利情况就从小注情形里面除去了，而剩余的小注情形就比平均值稍差一点。数字 −0.2 不是太精确，真实的数字在 −0.2% ～ 0 之间分布，取决于桌面上的人数。我们选择了一个数字以简化讨论，我们用了一个偏悲观的数字。

（6）启动资金需要多少？

我们依次来回答。

计牌

　　要检查牌堆够不够用可以用以下几种方法。最可靠的方法当然是记住已经使用了几张牌，例如，在每一轮结束时，你可以对自己讲："发了11张牌，见过1张5。"发出的每一张牌都要被算作"用过的"，但是只有你见过的5才被计入。如果一张牌被曝光，不管你有没有看到几点，把它计入用过的牌。你不需要看清楚用过的每一张牌。然而，如果你错过了一些牌，刚好是5，那么你就会错过一些有利的机会。举例来讲，假设经过一些轮次，你看见发出了17张牌，3张5被用过了，而另一张5其实也曝光了，但你不知道。这时，你以为还有一张5，你仍然下小注，就错过了抓住有利局势的机会。

　　如果你的庄家习惯性地把曝光过的牌藏起来，你可能希望他翻给你看，有时候，你却不知道是否应该提这个要求。如果你觉得这么做可能会引起赌场的怀疑，认为你正在使用制胜策略，那你就不应该这么做。因为这样的话，赌场会采用其他反制措施，这比没有看到一张曝光牌更加麻烦。

如果赌场不使用最后的牌，一开始就把这种情况考虑进你的计数中。其原因是，从 52 中减去这个数字，就是总共用来玩的牌。表 4-3 给出了一个粗略的估算，关于什么时候下一轮的牌不够多。

表 4-3　根据用过的牌的数量估算牌堆的牌在下一轮中是否够用

玩家的数量	当用过的牌的数量不超过如下数字的时候，余下的牌通常是足够的
1	45
2	41
3	38
4	34
5	31
6	27
7	24

除了告诉玩家剩余的牌是否足够下轮使用，默数用掉的牌还有其他好处。第一，计牌训练是为在下一章中提及的更强大，也更困难的制胜策略做准备。第二，计牌对于检查赌场是否作弊极其有效，而作弊通常的做法是抽走一两张牌。（有人这时可能会好奇，赌场会不会在牌堆中增加一些牌。当使用二或三副牌时，这很容易做到。我只在一次只用一副牌的时候见过这样的情况。这样做有风险，想象一下，当玩家拿起牌来一看，他的两张牌不但都是 5 点，而且都是黑桃的时候，会是怎样的震惊与愤怒！）

另一种可以通过计牌来检查的常见的作弊方法被称为

"翻转"。虽然名字听起来简单，真的感受起来可是不舒服的。在初级版本的翻转中，庄家看牌堆的前半部分是否对其十分有利。如果不是，就照常进行，期望后半部分变得有利。否则，如果牌堆的前半部分对其十分有利，他会偷偷地翻转牌堆，使得已经用过的牌又到了上面，接下来继续用。在加强版的翻转中，庄家把牌按用过的顺序堆起来，当牌堆用了一半时，他把牌翻转再玩一次！

　　粗心的玩家通常记不住出过哪些牌。但是，如果用过的牌不是刚好26张，那么计牌的玩家会发现，牌的数量变成了已玩过牌的数量的2倍，而不是52张。另外，即使玩过的牌刚好是26张，如果不是刚好有2张5，也会穿帮。对于计牌的玩家来讲，他们会发现整副牌中5的数量，是已经用过牌中的2倍。

　　对于那些不想计牌的玩家来讲，有个差一点的方法来确定剩下的牌数。在庄家检查牌堆里还剩下多少牌的时候，就可以应用这个方法。他会把下面的牌轻轻地往前推一点，从而使得所有牌的边缘露出一点。用过的牌是面朝上的，看起来稍稍"白"一点——只要没有用过的牌都是面朝下的，并且没有白边的花纹。通过两部分的厚度比例，玩家可以比较容易地估算出剩下的牌数。

　　如果你有一副没有边的牌，把一部分牌面朝上放在剩余牌的下面，然后，轻推下部分的牌往前一点，在两部分的交界处会有清晰的分割线。从分界线，你可以估计每个部分的数量。经过一些练习，你就可以很熟练。如果你用了带有边的牌，那这个判断会困难一些，因为两部分清晰的分界线就看不出来了。

现在来做一个热身练习，可以用任何牌；这可以告诉你估计牌堆中一部分牌的数量其实并不困难。首先，把牌堆弄整齐，可以将它的边在一个光滑的桌面上压一下。现在尝试将牌两等分，如有必要，从一边拿出一些牌移到另一边，让它们看起来一样多。不要把两堆牌并排在一起比较它们的厚度，那样就使得实验失去了意义，它是教你如何目测的。试过几次以后，你就会发现：即使有也是在很少的情况下，你会移动多于两张牌。很多人很快就会掌握，几乎每次都能成功地将牌两等分。

计 5 策略的改进

假设你不仅计算剩下的 5 的数量，还计算剩下的牌的数量，这样，你就可以判断牌堆里面是 5 偏多还是 5 偏少。一个方法就是用没出的牌的数量（用 U 表示）除以没出的 5 的数量（用 F 表示）。在一般情况下，$U/F=13$，当 U/F 大于 13 时，牌堆中的 5 偏少。（在极端情况下，当 $F=0$ 即牌堆中没有 5 时，U/F 没有意义。但是这个时候你已经知道该怎么做了。）

U/F 越大，你的优势就越大。举例来讲，当 U/F 是 26 时，你的优势大约是 1.9 个百分点。（从 0.13% 到 3.58% 的一半，你应该下注 2 到 3 个单位。）

当 U/F 小于 13 时，牌堆中的 5 偏多。赌场有优势，因此你应该下小赌注。

使用 U/F 的好处是，你可以找到并利用很多有利局势。这个方法在多副牌的情况下依然奏效。

有利情况的出现频率

赢钱的速度取决于有利局势出现的频率以及牌桌上的人数，表 4-4 显示了这种相关关系。

表 4-4   只对 5 进行计牌，根据玩家的数量可知有利局面的出现次数

玩家的数量	每 100 手牌中 5 用光的大致次数	玩很多手牌后平均每 100 手牌赢取的收益
1	9.8	0.33
2	5.9	0.20
3	6.5	0.22
4	3.5	0.12
5	6.0	0.20
6	0.9	0.03
7	1.7	0.06

当玩家使用计 5 策略时，如果牌桌上的人数不多于 5 人，很明显玩家的优势增加了。

赌注大小的变化

对于问题："相对小赌注而言，所谓的大赌注多少算大？"一针见血的答案是"越大越好"，因为在有利情况下的大赌注是利润的主要来源。但是，有几种情况是需要考虑的。

如果玩家通常都是下注 1 美元，然后突然下注了 500 美元，他马上会引起赌场运营者的注意。如果他赢了，赌场很可能会采取反制措施。一个简单有效的方法就是在玩家下了大注但没有发牌之前，洗一次牌。虽然玩家也可以取回筹码，但有利的情况却已经消逝了。

所以，明智的做法是将大小赌注的差别降到一个不会太引起注意的级别。第 1 版《击败庄家》引起了赌场的极大关注。因此，大赌注不要超过小赌注的 3 到 4 倍。我们来做一个简单的计算，看看这样的代价是多少。

假设我们单独和庄家玩，每小时 100 手。依据表 4-4，在 9.8% 的情况下，玩家有 3.4% 的优势；在 90.2% 的情况下，庄家有 0.2% 的优势。如果我们押注 1 美元和 500 美元，我们会在不利情况下输 $0.002 \times 90 \times 1$ 即 0.18 美元，在有利情况下赢 $0.034 \times 10 \times 500$ 即 170 美元，净利润为 169.82 美元。相反地，如果我们在不利情况下，下注 125 美元，我们会在这些情况下输掉 $0.002 \times 90 \times 125$ 即 22.5 美元，并仍然在有利情况下赢 170 美元，最后的净利润是 147.5 美元。

我们必须着重强调，这些利润的数字是玩很多手以后粗略的一个平均数。在只玩几百手的情况下，结果非常有可能和这些数字有显著偏离。

我们现在可以利用这些数字估计计 5 策略的平均小时收益。假设我们每小时玩 100 手。当我们下注 125 ～ 500 美元时，我们前面看到，平均小时收益是 140 美元。这样，当我们下注 5 ～ 20 美元时，每小时可以赚 5.6 美元。一个只下注 50 美分到 2 美元的玩家，每小时赚 56 美分。

我认识一个熟练的玩家，据称可以和庄家每小时玩 350 手。下注 1 ～ 500 美元的话，他每小时平均能赢 170×3.5 即 595 美元。这就是玩家期望速度快的主要原因。当有多个玩家时，出现有利情况的比例就减小了。进而，由于每一轮的时间也变长，每个玩家每小时玩的手数也就减少了。

初始资本、可能风险、盈利速度

我们现在可以回答这些问题。

（1）需要多少启动资金？

（2）风险在哪里？

（3）盈利的平均速度是怎么样的？

首先，你要决定你的启动资金是多少。小赌怡情，无论如何也不能以要紧之钱下注。除了通常的理由外，还有一个原因：用超出你承受能力的钱去赌会造成心态失衡，失误连连，从而更容易输钱。相反地，用无伤大雅的钱去赌则会让你从容自信，妙招连出。

现在，你把赌注控制到一个明智的范围内。然后，你要决定将输掉全部赌注的概率控制在什么程度。对于任何赌注来讲，玩家有很多选择。如果很激进地玩，有更大的概率输完，也会获得相对更高的平均收益率。相反地，如果玩家把赌注分成很多小等份，就几乎不可能把它们全部输掉，但是代价就是平均收益率会大幅下降。

为了理解预期结果，假设小赌注是 1 个单位，这里 1 个单位是你自己定义的数量，假设大赌注是 3 个单位。这样，对于 150 个单位的赌注，你输光所有赌注的概率小于十分之一。有超过 90% 的概率，你的资金会有不同程度地增长。如果你的赌注是 75 个单位，你输光的概率是 30%，而只要你小心地玩，就有 70% 的机会赢一些。

在学习实用的制胜策略之前，我们先休息一下。在下一章里，我们描述一下首个制胜策略（现在是著名的计 10 策略）在赌场中的初步测试。

第 5 章

内华达实战

我原以为基于计 5 策略可以写成一篇有意思的论文，发表在即将开始的在华盛顿特区召开的美国数学学会的年会上。我计划从麻省理工学院出发，我在那里教过书，也进行过 21 点的电脑计算。会议开始的前几天，学会按惯例出版了会议的大约 200 个议题的摘要，其中包括我的关于 21 点计 5 策略的摘要，即《财富公式：21 点制胜策略》。

出发参加会议的前两天，我意外地接到了《波士顿环球报》的迪克·斯图尔特（Dick Stewart）先生的电话，他询问了这篇摘要。报社派出了一名摄影师来给我拍照，同时我在电话中向斯图尔特先生介绍了我的策略系统。

第二天早上，我惊奇地看到自己的照片和故事出现在《波士顿环球报》的封面上[4]。几个小时之内，故事和更多的照片就通过它们的报纸传遍了全国[6, 27, 39, 43, 57, 78]。

在华盛顿宣讲了我的论文以后，我应邀参加了记者招待会。然后，一家主流电视台和几家广播节目采访了我。等我回到麻省理工学院的办公室时，我的桌上堆满了邮件和电话留言，敦促我参加各种公开活动[60, 65]。

在接下来的几周中，数百封邮件和长途电话如潮水般涌来，大部分是索取我论文的复印件和进一步的信息，其中也有相当一部分是提供条件让我在赌场中测试策略系统的。他们提供的本金从几千美元到多达 10 万美元！他们总共提供了 25 万美元。

我仔细地筛选这些提议。如果这些人不能证明即使全部输掉本金也能接受，我就拒绝这些人的好意。正如前面提及的，原因是即使采用制胜策略，仍然有一些运气十分差的风险。此外，我也担心作弊的可能。

因为 10 万美元这一笔是最吸引人的，所以我最先考虑。它是由纽约的两位百万富翁共同提议的，我称之为 X 先生和 Y 先生。他们都是赌大钱的人。Y 先生曾经在一次赌博游戏中输了 10 万美元，但是这没有对他的财务带来太大影响。X 先生参与的博彩游戏有几十万到上百万美元的输赢，他曾经在从迈阿密到拉斯维加斯的赌场中负有盛名。我后来了解到他和"深色头发的小个子"（见第 8 章）很熟，并且他自己玩 21 点玩得很大。所以我最早决定跟他合作。

准备

当我告诉 X 先生我有兴趣后，他就在某个周日从纽约驱车赶来。他向我展示了足够的博彩知识和玩牌技巧，并且说服我说他可以很快地发现作弊。在 X 先生和 Y 先生的邀请与资助下，我从波士顿飞到纽约若干次，讨论了这个策略系统，并计划了去内华达的行程。

读者可能感受到了，计 5 策略赢得"太慢"了，因为它需要的有利局面太罕见了。幸运的是，在公布计 5 策略的时候，我已经在研究一个强大许多的系统，这就是计 10 策略，将在第 8 章中详细介绍。这个正是我计划去赌场实践的策略。为了让故事容易看懂，我先简单地介绍一下这个策略。

玩家跟踪两类牌，10 点和非 10 点，或"其他"牌。一副牌中，有 16 张 10 点和 36 张其他牌。玩家的优势由其他牌和 10 点牌的比例来衡量。对于一副完整的牌，其比例是 36/16 或者 2.25。当比例小于 2.25 时，玩家有优势。当比例大于 2.25 时，庄家有优势。大致来讲，比例偏离 2.25 越大，优势效应也越大。

玩家在一半的时间内具有优势，其最高可达 10 ～ 15 个百分点。赌场的优势最高仅仅到 3 个百分点！

我们有两种方法实施策略。第一种，我称之为"粗放型"，在玩家的优势超过某一个小数字时，比如 1%，就下赌场允许的最大赌注。平均来讲，这种方法在短时间内带来的收益最大。然后，在几天的短时间内，玩家的总资金波动剧烈，需要大量的资金。X 先生和 Y 先生说他们可以用 10 万美元来支持这种方法的策略，如有必要可以再多一点。

10 000 美元

我本人不太喜欢这种粗放型的方法，因为博彩世界有太多事情我还不懂。我真的不知道假如本金回撤到 50 000 美元，我会怎么办。此外，我此次旅行的目的是实验我的系统，而不是为 X 先生和 Y 先生赚大钱。因此，我更愿意获得温和的胜果，而不是一个可能的但不确定的大胜。因此，我倾向于另一种方法，我称之为"保守型"。这种方法在玩家优势是 1% 的时候下 2 倍的注，在优势是 2% 的时候下 4 倍的注，最终在优势为 5% 或以上时，最高下 10 倍的注。我把赌注范围设定为从 50 美元到 500 美元（通常赌场内的最大下注额），这样 6000 ～ 7000 美元就足够了。为了保险起见，我带了 10 000 美元——100 张 100 美元的纸币。

当 MIT 的一周春假来临时，某个周四的晚上，X 先生和我飞到里诺，与 Y 先生汇合。我们在里诺最大的一家酒店入住时，已经是深夜两点了，很快就进入了梦乡。第二天一大早，我们开始了赌场之旅。

热身

在我的坚持下，我们的计划小心翼翼地推进。我们从小赌注开始，1美元到10美元，直到我们逐渐积累了经验。最终，我们准备赌50～500美元。

一开始，我们驱车到镇外的赌场。经过一个小时左右，我赢了一些钱。然后因为那天是耶稣受难日赌场要关闭3个小时，我们回到了里诺。那天晚上，我们调研了几家赌场，看哪家的规则更有利。作为最佳练习场所，我们选择了一家赌场，其规则是发到最后一张牌，任意牌可以加倍、分牌和保险。这比一般见到的规则更有利一些。

享用了奢华的晚餐并小憩之后，我独自来到选定的赌场。那时大约是晚上10点，X先生没有陪我一起，因为那家赌场的老板认识他，我们不想引起关注。一开始，我每玩15～20分钟就休息几分钟。每次当我坐下来时，我会选择人最少的桌子。我的行为特点（停下来思考并且盯住所有的牌）使得我明显在应用某种"策略"。但是即使不普遍，策略玩家在赌场里面也是常有的。事实上，只要他们是亏钱的，他们还是受欢迎的。渐渐地，我开始落后了，玩到凌晨5点时，我亏了100美元。

这个时间，赌场生意急剧下落，我终于可以独占一桌。我的新荷官非常不友好。当我要求发两手牌时，她拒绝了，说赌场的规矩是要发两手牌，每手牌就要押2美元。因为这种改变会干扰我对晚上游戏过程的记录，所以我拒绝了。

同时，我也觉得很疲惫、很急躁。

我对这个荷官说，至少有其他八个荷官允许我玩两手牌也没有说什么，所以这不太可能是赌场的规矩。她说这是为了避免其他玩家被挤走。我强调了当时桌上根本就没有其他人，所以她的理由不成立。然后她就生气了，用她最快的速度发牌。

玩了几手之后，其他牌 /10 点牌比例下降到 2.0，我有 1% 的优势。当时我被完全激怒了，放弃了自律的信条。我把赌注提高到 2 ～ 20 美元，然后押了 4 美元。我赢了，比例继续下降到 1.7，我有 2% 的优势。我押了 8 美元，又赢了。比例贴心地下降到了 1.5，我有 4% 的优势。之后我押了 16 美元，又赢了。我总共赢了 32 美元，留下 20 美元在桌上，记下现在有的一些小盈利。比例在 1.4 ～ 1.0 之间浮动，我一直押 20 美元的。等这副牌发完以后，我已经挽回 100 美元的损失，还有几美元的盈利。

当我收起盈利的筹码离开时，我注意到荷官的表情里面混杂着恼怒和敬畏，就好像她从一间熟悉的房间里面通过一扇熟悉的门，突然看到了奇怪的、不可思议的东西。

这段训练的经历带给我复杂的感觉。一方面，我对自己鲁莽的行动后悔了几天，因为这引起了赌场运营者的特别关注。另一方面，我的注意力被引向最后几分钟持续加

倍的加注方式，这包括一开始下 1 个单位，赢了以后下 2
个单位，再赢下 4 个单位，以此类推。这种玩法汲取了著
名的加倍系统，也叫小马丁系统，其广泛应用在几乎所有
的博彩游戏中。在庄家具有优势的游戏中使用这种方法是
不明智的，但是在 21 点游戏中，玩家使用计点法，在有利
局面下使用是有赢面的。另外，因为这套系统被如此广泛
地应用，且对赌场没有任何伤害，所以这对算牌的玩家是
绝好的伪装。还有一点，玩牌时把你的筹码丢在桌上，几
手以内碰都不碰，这简直帅呆了。

这里 100，那里 1000

　　周六下午，我红着眼睛醒来，身体僵硬，好好地吃了
顿"早"餐。然后，X 先生和我又去了镇外的赌场。仅用
几分钟，下注 10 ～ 100 美元，我赢了 200 ～ 300 美元。X
先生也一起加入，玩了几个小时。我们陆续赢了 650 美元，
赌场开始在每副牌发完前几手牌后就洗牌。由于有利局势
最有可能在最后时刻出现，洗牌大幅降低了盈利。因为我
们仅仅是练习，出于谨慎考虑我们最好还是马上离开，然
后再杀回来玩儿几个小时。

　　在里诺，X 先生和我还在等待 Y 先生。周六晚上，Y

先生到达了。晚餐后，Y 先生和我一起出发，找地方赢钱。我们首先去了著名的哈罗德（Harold）俱乐部，其在里诺市中心的一座庞大的建筑内。我们从一张最大下注 500 美元的桌子开始玩（内华达的最大下注额在 100 ～ 500 美元之间分布，不同赌场不一样，同一家赌场的不同桌子也不一样。我们资金充足，因此倾向玩儿尽可能的最大值）。15 分钟之内，我们以 25 ～ 250 美元开始热身，赢了 500 美元。我们的荷官决定向管理者示警，她用脚按动了一个隐蔽的按钮。几分钟后，哈罗德·史密斯（Harold Smith）父子过来了。他们表现得很客气，很礼貌，但是指出：他们要足够频繁地洗牌，以阻止我们继续赢钱。[⊖]

在过去的几十年中，大部分赌场老板学习到了，部分玩家等到特定的组合出现，在牌快用完时，会显著地加大赌注，甚至有时候从 1 美元加到 500 美元。对这些玩家的牌会在还有 5 ～ 10 张的时候就洗牌。

因此，为了保险起见，哈罗德·史密斯先生要求荷官至少在还有 12 ～ 15 张牌时就洗牌。幸运地，他们等着看结果。我们没有任何出格的举动，整晚都在使用相同的计

⊖ 两年以后，当小哈罗德·史密斯和我同时出席萨斯坎德的 "Open End" 活动时，小史密斯嘲笑我说："策略玩家？我们会找辆出租车，送他们回家。"我仍然等着那辆出租车。

10 策略。在第一手之后，这个策略就寻找到有利的局势，即使只发了 4 张牌。

几个小的有利局势出现后，我们抓住了机会。然后牌从剩下 25 张就开始洗，一些有利情况还是出现了。最后，荷官从剩下 42 张牌开始洗，也就是说，发 2 手牌就可以洗牌！这样的围堵持续了大约 20 分钟，结合了坏运气和赌场的不利规则，频繁的洗牌只让我们赢了 80 美元。看起来再玩儿下去没什么意思了，我们就决定收手。

接着，我们去了一家大酒店中的赌场。我们被告知，赌场在玩家下"大赌注"时会使用"作弊"的荷官。在第一手就被出老千之后（将在后面讲作弊的章节中详细介绍），我们离开了。

一把赌 900 美元

在下一个赌场，最大赌注只有 300 美元，但是赌场特别的规则弥补了这个缺憾：玩家可以买保险，任何对子可以分牌，任何牌可以加倍。我们买了 2000 美元筹码，挑了一张没有其他人的桌子。我一直输，4 小时差不多输了 1700 美元。我十分沮丧。然而，和之前无数倒霉的玩家（虽然我希望有更好的理由）一样，我决定一直等待，期望好运"再来一次",能够挽回一些损失。

突然有几分钟,牌神开恩了,其他牌/10 点牌的比例降到了 1.4,5% 的优势,这时应该下最大赌注 300 美元。巧极了,我当时剩下的筹码恰好是 300 美元。当我在想如果这把输了,是否要就此收手时,我翻开了底牌,发现是一对 8,必须要分牌。我从钱包里抽出三张 100 美元,放在第二张 8 上面。再发牌时,又是一张 8。我必须要继续分牌,于是又拿出三张 100 美元。于是,现在桌上有 900 美元了——迄今为止我下过的最大赌注。

庄家明牌是 6,另一张翻开是 10。随后,他立即爆掉了。现在,我只输 800 美元了。这张赌桌继续给我带来好运气,下一手牌仍是有利的。几分钟内,我扳回了所有的亏损,还赢了 255 美元。面对这突如其来的好运,Y 先生和我决定今晚就此打住。

计 10 策略又一次显示了循环往复的特征:受重伤的机会相对温和,运气好时显出耀眼的光芒。

第二天下午,X 先生、Y 先生和我又去了镇外的赌场。坐下来玩之前,我打了一个电话。等我回来以后,我的朋友告诉我,我们被赌场拒之门外了,赌场只欢迎我们去吃顿饭。我叫来了楼面经理,询问这是怎么回事。他非常友好和礼貌地解释说,有个职员昨天见到我玩,对我在那个下注规模的稳定盈利速度感到很惊奇。他还说他们不知道是怎么回事，但依据以往的经验，最终确定我们在使用某种算牌系统。我的技术变得难以侦测。

显然，他们对这套系统的威力很忌惮，因为楼面经理说赌场老板在决定拒绝我们之前思考了很久。他说，赌场曾经对算牌玩家无所畏惧（他还罗列了一串对我无关紧要的名字），只有一个例外。他描述的这个被拒之门外的人是一个"南加州的深色头发的小个子"。我们之前提到过他，后面我们还会提到他以及其他早期的著名玩家。

我们回到酒店，我朋友花了几个小时处理生意，我在一张 21 点赌桌上用 5 ～ 50 美元下注额打发时间。尽管有一个讨厌的托儿，我还是赢了 550 美元。这个时候，赌场老板让我们不要在酒店里继续赌了，包括 X 先生和 Y 先生以及其他可能的朋友。但是，我们可以在酒店享用不限量的免费饮料。我立刻端上一杯"莫斯科骡子"鸡尾酒去告诉我的朋友们，他们还没有开始玩，就已经被拒之门外了。

周日大约是晚饭时间，我们三人又去了我曾经赌 900 美元的那家赌场。我马上被当作有钱的花花公子认出来了，因为前一晚我先是输了 1700 美元然后再绝地反击。作为赌场在晚上开始前的助兴活动，我们被邀请参加晚宴。吃完两个 4 美元的烤生蚝和各种小菜，喝了一些红酒，我摇晃着走向赌桌，就像待宰的羔羊。可是，才过了几分钟，我就变成了头号危险人物。用 25 ～ 300 美元的下注额，赌了 4 个小时，我赢了 2000 美元。我已经很累了，虽然恋恋不舍，但还是决定回旅馆。

　　我对这家赌场印象非常好：殷勤好客，宽敞明亮，餐厅现代化的高级装修，出品讲究，那些可爱的赌桌和有利的规则，还有最重要的，免费的钞票。⊖

最小 25 美元赌注

　　周一下午，朋友和我都准备好了大干一场（无论是从通常意义上讲，还是从数学意义上的总下注额上讲）。我们驱车前往塔霍湖最南端（州界）。大约下午 6 点，我们到达了哈拉这家最大的、灯火辉煌的赌场。人山人海，我好不容易才在 21 点的赌桌上找到一个位置。

　　我买了 2000 美元筹码放在桌上，仅仅几分钟过后，一个监赌人跑过来邀请我吃晚餐和看表演。我于是要求邀

　　⊖　这个赌场随后报复了我。9 个月以后我再过去，在 10 分钟以内，一个熟练的作弊荷官就让我输了 600 美元（每手 25 美元）。等我发现时，才意识到"昨日不再来"。

请我的两位朋友一起（也成功了）。我很快开始了赌局，在几分钟内就已经赢钱了，然后 X 先生加入。之后的 40 分钟内，我赢了 1300 美元，X 先生用比较激进的方式赢了2000 美元。然后，我们抽时间去吃了顿免费的晚餐，有菲力牛排和香槟酒。几个小时以后，命运将会向我们揭开这顿"免费"晚餐的账单。多少钱？ 11 000 美元！

晚餐过后，我们逛到哈维马车轮（Harvey's Wagon Wheel）赌场。这里的最大限额为 500 美元，规则也可以接受。像往常一样，我买了 2000 美元的筹码，找了一张最空闲的桌子坐下。一开始，陆续有赌 1 美元的人来了又走，弄得我很烦躁，他们通常把游戏拖得很慢，盖住很多牌使得计点很困难，还有一些让人心烦的坏习惯。

每当来一个下小注的人，我就把相应的最小赌注从 50 美元降到 1 美元。几分钟以后，监赌人"收到消息"走过来问我是否需要一张单独的赌桌。当我"喜出望外"地表示感谢时，他解释说，一般来讲赌场不喜欢设私有赌桌，这会使得其他赌客不高兴。但是，伴随着一连串的微笑，他说可以安排一张最低下注额为 25 美元的赌桌，问我是否满意。我立刻同意了，然后一张赌桌被清理出来，只剩下我一个玩家。一小群人静静地聚在一起，想看这只肥羊如何被屠杀。

2 小时赢 17 000 美元

我赢了几百美元以后，监赌人有点儿吃惊，但同时又很高兴另一只"待宰"的羔羊来到我的赌桌，不是别人，正是 X 先生。我负责计算点数并发出信号。30 分钟以内，我们就掏空了这张赌桌的钱箱——21 点版本的"抢劫银行"。曾经保持微笑的监赌人，感到了恐惧。

其他雇员开始慌乱，我们的一个荷官向她的男朋友哀求道"帮帮我，求你了"。监赌人试图把我们的胜利归结为下属的紧张和失误。钱箱重新填满以后，聚集的人更多了。他们开始为战胜赌场巨人的勇士大卫[⊖]欢呼。

一个旁观者大声嚷道，两天前他看见过我们在里诺赌场的生猛表现，好奇现在和当时是不是一样的情况。由于监赌人在认真地听，我们迅速制止旁观者再说下去。

在 2 小时以内，我们再次洗劫了银行。在我们面前堆积如山的筹码有 17 000 美元的盈利。我赢了 6000 美元，而 X 先生比较激进，赢了 11 000 美元。我很快就累了，饱餐后的延迟效应，计算两手牌的重担，还有之前几天的持续紧张都造成了影响。我开始发现自己不能正确地计点，同时看见 X 先生也是这样。我坚持把 6000 美元兑现退出。

⊖ 希腊神话中的人物。——译者注

这时，我惊奇地发现三四个漂亮姑娘在我身边走来走去，甜甜地冲着我笑。

当我迈着尤利西斯的步伐回到赌桌时，我震惊地发现，X 先生赌兴正浓，拒绝收手，已经输回去几千美元了。在我说服他的 45 分钟内，他总共输回 17 000 美元中的 11 000 美元。尽管如此，回到旅馆后，那个晚上我们仍然有 13 000 美元的盈利。

周二，我们去了市中心的几家俱乐部，规则不太有利，从最后 5 ～ 10 张牌就开始洗牌。我们用 50 ～ 500 美元下注，逐渐输了 2000 美元。玩家只能在 10 点和 11 点时加倍，不能买保险，庄家在软 17 点时要牌。正如我们在第 9 章"规则变种"中提到的，在等待有利情况的时候，玩家的优势被压缩到了不足 1%。尽管还有优势局面，但是出现的频率和幅度都降低了。下注 50 ～ 500 美元时，计 10 策略在有利规则下每小时可能赚 500 美元[⊖]，而在一般规则下赚 400 美元。在上述不利的规则下，这个策略每小时只能赚 250 美元，出现坏波动的风险显著增加。[⊜]

新的、强大的计点策略在这种不利情况下仍然很有效。该策略在第 6 章和第 7 章中进行了介绍，其计算所有点数

⊖　假设每小时 100 手。
⊜　这些估计是保守的。几万手的记录显示真实的盈利效率是这些的两倍。

的牌，而且，它不会比计 10 策略更难。

我的朋友和我想起去过的第一家赌场，规则很友好，发到最后一张牌。我们决定再次拜访。Y 先生和我买了 1000 美元，开始游戏。我们马上就开始赢钱了，但没过几分钟，赌场老板出现了。他匆匆地向荷官和监赌人下了指令。

然后精彩的赌局开始了。只要我改变赌注大小，荷官就重新洗牌。只要我改变玩的手数（那个时候，我可以同时玩 1 到 8 手并且比荷官动作还快），荷官也重新洗牌。我上次来时的荷官就站在我背后（她在"指"我吗），一遍又一遍地说我那晚的表现多么惊艳。最后，甚至我摸摸鼻子，荷官都会重现洗牌！不可理喻！我问她，是不是我每次挠鼻子，她都要重新洗牌？她说是。我再挠了几下鼻子，确信她是认真的。我问是不是我改变任何行为，都会让她重新洗牌？她说是的。

现在，我和庄家基本是平手，[⊖]洗牌摧毁了我几乎所有的优势（除了可以看到曝光牌）。但是，我仍旧抓住机会，赢了 300 美元。然后，我要求换一些更大的筹码（50 美元或者 100 美元），现在我手上的都是 20 美元的。赌场

⊖ 当正在写作第 1 版的《击败庄家》时，我错误地认为每局以后都洗牌会使得我的策略无效。赌场老板也是这么认为的[31]。我现在才意识到，即使荷官每次都洗牌，他们仍然可以被击败（见第 9 章）。赌场运营者现在有了忧愁的讶异。

老板走上前来，说赌场不卖给我们。然后他拿出一副新牌展开，先是面朝下，然后面朝上，仔细检查。虽然这也是赌场的惯例，但是他们很少会检查背面好几分钟。荷官解释说，他们相信我有一种特别的视力（其实我戴眼镜），能够分辨出扑克牌背面微小的差别。他们推断出我根据这个来预测下一张发的牌是什么。我忍不住嘲笑他们。但是随着我的胜利，赌场还是在5分钟之内换了4副牌。

在否定赌场的理论以后，我催促他们告诉我，赌场认为我的"秘密"是什么。荷官断定我可以记住发出的每一张牌，所以我每次都能知道还有什么牌没有出。现在，已经普遍知道，经过训练，记忆术（一种记忆训练的科学）的学生不难记住摊开的一副牌的顺序。但是，我非常清楚要如何进行这样的记忆[14]，其速度对于进行21点游戏来说不够快。所以我反驳荷官说，世界上没有一个人可以看到已经发出的35张牌，然后快速告诉我剩下哪些牌。

荷官说旁边的监赌人就可以做到。我押5美元，赌他做不到，他们都低着头不说话。我加到50美元，他们还是保持沉默。接着，我朋友Y先生加到500美元，这些"武林高手"仍然默不作声，然后，我们带着鄙夷离开了。

Y先生跟我去了下一个赌场，21点赌桌都挤满了人，我们要求独占一张桌子。一个秃顶的娘炮蹦出来高声说道，他知道我们想干什么，他们的回答是"好走不送"。另一个武林高手！

因为我已经验证了这套策略系统，百万富翁也有他们的生意要打理，我们一致同意终止这次赌博实验。用了 30 个工时的中赌注和大赌注，我们的赌本从 10 000 美元增长到 21 000 美元。我们的初始投资可以控制在 1300 美元（包括开销）。我们的实验是成功的。正如理论预测的一样，我的策略在实践中非常奏效。

在去机场前的一个小时，我们去了 X 先生在普里姆多纳（Primadonna）的一个朋友开的赌场消磨时间。我想整一轮大的，但 X 先生不想让他朋友受"重伤"。我不想争辩，直接走向 21 点赌桌。我发现口袋里有 3 美元，是我买当地纪念品时找的钱。我决定用这些零钱试试运气。很快，一系列有利局面出现了，在 5 分钟以内，我的 3 美元变成 35 美元。X 先生的朋友永远不会知道，X 先生的一句话，在几分钟内帮他省了超过 1000 美元。

我的内华达之旅回击了一个赌场老板在国家电视节目上接受采访的一段话。他被问到在内华达赌场中是否真有玩家赢钱离开时说："送一只羔羊去屠宰场时，羊的确有可能杀掉屠夫，但我们永远赌屠夫赢。"

现在，羔羊们的时代来临了。

第 6 章

简单的计点系统

许多《击败庄家》第 1 版的读者能够开发出自己特有的计点系统。⊖这些系统在第 1 版中没有介绍，因为它们所需要的计算是不完整的。计点系统对于初学者和专家都适用。对于最近赌场针对成功玩家的反制措施，这些系统尤其有效。你将看到成功玩家的故事：他如何在波多黎各的赌场里面赢了 5 万美元，并徒手迫使它们改变了规则。

简单计点系统

当一副牌中高点数的牌（10，A）比较少时，表 4-1 指出庄家有优势。当一副牌中低点数的牌（2，3，4，5，6）比较少时，表 4-1 指出玩家有优势。⊖这意味着玩家可以通

⊖ 可以把（2，3，4，5，6，7）称作低点，把（9，10，A）称作高点。在实践中，结果是一样的。

⊖ 某人于 1965 年 6 月 14 日发明了一套自己的计点系统，发表在《旧金山编年史》（*San Francisco Chronicle*）上。新闻特写"出售中的纸牌秘诀"（Card Secrets for Sale）讲述了一个据说从"1964 年 3 月偶然"对 21 点开始有兴趣的男人的故事。非常巧合的是，《生活》杂志于 1964 年 3 月全球性地发表了《击败庄家》[49]。这个人想在旧金山出售他的系统，开价 1000 美元。他说，每张牌可以记作四个值之一：-10，-5，5，10（当然，从理论上讲，用 -2，-1，1，2 的效果是一样的）。这样的赋值（许多可能集合的一种，但是其他集合的效果是一样的）能够从表 4-1 中容易地推导出来。就是说：A 是 -10；5 是 10；2，3，4，6，7 是 5；8 是 0（或者 5，但 0 更好）；9 和 10 是 -5。这个系统和本章中叙述的系统，以及其他无数的计点系统，都是第 1 版所述"终极"系统的简化形式。利用表 4-1 中的信息，这些系统可以对纸牌的点数采用更精细的刻度。

过衡量牌堆中大牌（好牌）多还是小牌（差牌）多，来调整下注额。一个简单的办法是见到一张小牌就 +1，见到一张大牌就 −1；7，8，9 点不计入，没看到的牌不计入，对于一副完整的牌和通常的规则，从 0 点开始计算。

举例来讲，一副完整的牌，依次出现下列牌：A，2，3，6，9，5，4，7，点值计算为 A（−1），2（+1），3（+1），6（+1），9（0），5（+1），4（+1），7（0）。我们用的就是任意时刻的和。就像上面的例子，点数的总和是：发牌前，0；A 之后，−1；2 之后，0；3 之后，+1；6 之后，+2；9 之后，+2；5 之后，+3；4 之后，+4；7 之后，+4。

使用简单计点系统，你要做的就是跟踪当前的总点数。按照基本策略玩牌，如果总点数是 0 或者负数，用 1 个单位下注；如果总点数是正数，下那个数值大小的单位。

在上例中，看到 6 点之后，你应该下 2 倍注；看到 5 点时，你应该下 3 倍注；如果你看到 4 点和 7 点，你应该下 4 倍注；其他时候，你下 1 倍注。

注意，当所有 4 张 5 都已经出了以后，总点数（平均来讲）是 +4。计点系统提示应该下 4 倍注。因此，计点系统和计 5 系统在 5 点出尽的情况下，策略是一致的。计点系统的优点是，它找到的有利局面比计 5 系统要多得多，也早一些，你赢钱的速度快了好几倍。

你现在应该停止阅读，花些时间来练习简单计点系统。如有可能，找个朋友来发牌。先足够慢，使得你不会犯错。即使你慢得出奇，也要这样开始。坚持练习，你的速度会逐渐提高。然后加上筹码，这样会增加真实感，同时让你对赢钱的速度有一个体会。当你能够准确地应用简单计点系统，并且能够保持正常速度，觉得很舒服了，再继续阅读后面的内容。

修正

当你完全熟悉了计点系统，有几个修正可以让它变得更为强大。

比如，当点数为 +5，并且一副牌快发完时，这副牌的大点数占比和平时的情况还不一样。例如，点数是 +5，只剩下 5 张牌，那么它们都是大点数的牌。所以，玩家的优劣势不仅取决于点数，还取决于剩下多少张牌。如果我们把这些都考虑进去，系统可以更精确。正确的方法是用总点数除以剩下牌的比例，得到的数字会比只根据点数下注更好。例如，如果总点数是 +1，只剩下 1/2 的牌，我们可以下注 1/（1/2）=1 ×（2/1）=2 个单位，而不是 1 个单位。
更重要的是，这个修正对于赌场采用两副或者多副牌也适
用。在玩两副牌时，如果几乎是两整副牌，计点如下：+4
的点数下 2 个单位，+6 的点数下 3 个单位，以此类推。然
后，如果两副牌玩到只剩一副牌，就和一副牌时的方法一
样了。

　　稍后，在进阶计点法，或者叫高低计点法（见第 7 章）
中，我们会学习跟踪精确的剩余牌数，这可以让我们更加
精确地下注。

　　当点数变化时，策略也要相应地变化。作为一个极端
的例子，假如只剩下小点数的牌，那么在硬 15 点时玩家一
定要继续要牌。[⊖]因为他最多要到一张 6，永远不会爆掉，
所以他要牌肯定会改进他的点数。

　　粗略地说，当点数为正时，需要更多地停止要牌、加
倍和分牌。当点数为负时，需要更多地要牌，更少地加倍
和分牌。在第 7 章中，我们将介绍更多的细节。有了这些
策略的背景介绍，我可以讲一下在波多黎各的奇遇和鲢鱼
先生的 5 万美元大捷。

　⊖　对于专家：我可以假想一个百万分之一可能的情况，玩家这时候一定不
　　　能要牌。但这时候给出例子会打乱我们的讨论。

亨利·摩根和我的波多黎各之旅

在第 1 版的《击败庄家》出版后，我上了"我有一个秘密"节目（1964 年 4 月）。当然，我的"秘密"是在一般环境下可以通过玩 21 点游戏从赌场快速地、稳定地赚到钱。但是这个节目的主持人加里·摩尔（Gary Moore），对节目组也有一个秘密。他的秘密是亨利·摩根要在波多黎各的赌场中试验这套系统，本钱是 200 美元，亨利会在下一周向节目组汇报战况。

我决定过去看看波多黎各的赌场。纽约的两位年轻企业家，M 先生和 N 先生（他们曾资助过一项流产的、拉斯维加斯著名的、总额高达 25 000 美元的挑战赛）资助了我的博彩费用。

我和亨利·摩根在"我有一个秘密"的纽约办公室度过了一个愉快的下午，我试着教他计点法，但是他的笑话讲得太好了，而他本人也对枯燥的训练兴趣寥寥，所以我只是给他演示了基本策略的主要部分。希望他能打个平手。（当然，盈利部分会捐献给慈善机构。）

我和 M 先生、N 先生住在豪华的拉孔查（La Concha）酒店，在圣胡安（San Juan）大概有 10 家酒店赌场，这是其中之一，亨利住在别处。赌场通常从晚上 8 点营业至凌晨 4 点。N 先生和我大概在午夜到达，入住以后，先玩了几个小时感受一下气氛。M 先生几天前就到达了，大概赢了 1000 美元。他带我们到处转了一下，很快就可以确定，波多黎各的赌场和内华达州的区别非常明显。

首先，波多黎各的赌场都是由政府监管的。每家赌场的墙上都贴着官方印刷的 21 点游戏规则，清楚明了。许多流程也是这样。赌场不能像在内华达州那样，对我突然改变规则。举例来讲，你可能记起，在计 10 策略的测试中（见第 5 章），在哈罗德俱乐部里他们提前洗牌，而另一个俱乐部拒绝卖给我大筹码。另外两个流行的游戏，轮盘赌和掷骰子，也是一样贴着相应的规则。我们逛到的几家赌场都有着统一的规则（仅有个别的选项不同）。

作为对于玩家和赌场的保障，一个政府工作人员会在营业时间执勤。同时，有各种手段提醒玩家注意规则。这里和内华达州简直有天壤之别。

这里的 21 点是用 2 副牌，牌面朝上发出，牌是从发牌盒也叫"鞋"中发出的，这使得在内华达州很常见（但是很少被发现，详见第 10 章）的靠"手上功夫"作弊的情况大大减少。不要认为从发牌盒发牌，你就不会被骗了，你会马上看到，一样有可能被骗。但是作弊的花样少许多了，也更有可能被发现。所以，这里绝对是不鼓励作弊的。

为了进一步打击作弊，通常使用两副背面颜色不同的牌（比如一副红色、一副蓝色）。发牌盒的顶端大部分时间是打开的，你可以看到上面部分的牌的背面颜色。如果你仔细观察，你有时会知道发给你的牌的背面颜色。荷官的手通常会紧紧盖住牌，在牌翻开之前你可能无法确定颜色。如果你看到的是红色牌，但是拿到的是蓝色牌，你就会知道有人作弊了。

波多黎各赌场的另一个优点是这里不提供酒精饮料。内华达州的赌场很善于用所谓"免费"的酒精饮料来影响顾客。这经常是故意为之的，用来降低玩家的判断力、消除玩家的克制力。这方法的确奏效，我曾经亲眼见到喝醉的富翁在 21 点的赌桌上几分钟输掉几千美元，要知道，他平时只给自己的员工付每小时 1 美元的薪水。我也见过喝醉的穷人签下他们根本还不起的支票。后者可能是最可悲的情况。波多黎各的赌场提供不限量的零食——三明治、可乐等，整个环境是安静的、放松的，大家都穿晚礼服。

这里的 21 点规则是，只要桌上有空闲的位置，玩家想同时玩几手都可以（分牌以前）。一张桌子有 7 个位置，所以一个玩家可以同时玩 7 手牌。每小时玩的手数越多，预期盈利就越多，所以我们基本都是这样玩——一个人同时玩 7 手牌。

这里的规则和第 2 章介绍的经典规则很像，除了一个例外：只有在硬 11 点的时候才允许加倍。在被问到时，赌场工作人员答复软 21 点也可以被当作硬 11 点允许加倍（公示的规则看上去隐含这点）。他们觉得我们的问题很有趣，好奇什么样的傻子会在软 21 点时选择加倍。

这里有一个例子，在软 21 点时加倍才是最优策略！假设你一直跟踪总点数、总剩余牌数和剩余 A 的数量。如果你刚被发到（A，10）而庄家的明牌是一张 10，再假设现在的总点数是 +3，还剩 3 张牌，并且其中没有 A 了，那么，剩下的这三张牌全部是 10 点。庄家的明牌是 10 点，他会停在 20 点。如果这时候你停下来，你是天成，你可以得到初始赌注的 1.5 倍。但是如果你选择加倍，那你还会拿到一张 10 点，共 21 点，赢庄家的 20 点，你会赢到初始赌注的 2 倍，而不是 1.5 倍。

应该承认这是专家的玩法，不能指望学了简单计点系统就学会这个玩法。但是，当你掌握了第 7 章，你就有很大机会完成这样的壮举。这个故事的意义在于，如此精确的操作已经超过了我们遇到的赌场工作人员的想象力。

在波多黎各[⊖]的赌场，还有一个重要规则，即赌注范围是从 1 美元到 50 美元，而内华达州大一点的赌场的赌注

　　⊖　原书中 Puerto Rico 和 Puerto Rican 等同使用。——译者注

范围通常都是从 1 美元到 500 美元。波多黎各最大的盈利率只有内华达州的十分之一，所以 M 先生在三四天内赢了 1000 美元，相当于在内华达州赢的 10 000 美元。

晚上的热身以后，我们于凌晨 5 点上床休息。这次旅行的一大挑战是调节生物钟以适应赌客所需要的日夜颠倒。

认识鲑鱼先生

我们来之前，M 先生就注意到了一位很成功的系统玩家，他每晚都玩，稳定盈利。他和 M 先生已经很熟络了。

赌场的人私下给他取了个花名叫鲑鱼先生（发音成 Sal-moan，重音在第二个音节上）。受第 1 版《击败庄家》的启发，他从 6 个月前开始玩，赌本是 200 美元。我在书中说了，这样的赌注就有 99% 的机会让玩家一直赢下去，只有 1% 的机会，在极端的坏运气下让玩家把赌本和盈利一起输光。

鲑鱼先生相信我书中所说的，并且去实践了。他发现计 10 系统太累人，所以自己开发了一套简单计点系统和相应的改良策略。当我们遇到他时，他的初始赌本 200 美元已经变成了 20 000 美元。

鲑鱼先生的出场很华丽。他进入一家赌场，找一张空的赌桌，买几千美元的筹码，堆成不规则的几堆，最高的有一两英尺⊖那么高。台面上一堆堆垒起的筹码看起来好像是西洋跳棋里面所向披靡的大魔王。他把高高的筹码摆得到处都是，就像无意中散落的一样。但他总能把筹码分散得恰到好处，使得别人不能玩。当他玩的时候，他和身边的赌场工作人员组成了有趣的图案⊜。

我到达的那个晚上，刚好最近一期的《生活》杂志[49]也到达了波多黎各。这期有一篇 12 页带图片的报道，讲述了我和《击败庄家》。这本书排在了《纽约时代周刊》非小说类畅销书的列表中，于是我就被赌场的工作人员认出来了。赌场凌晨 4 点打烊以后，M 先生、N 先生、我和其中一个赌场的其他几个人吃了点东西。我们得知鲑鱼先生已经连续赢了几个月，但是没人知道他具体赢了多少钱。

我问，为什么他被称作"鲑鱼先生"，他们说，他就像逆流而上的一条鲑鱼。"但是最终我们会搞定他，"一个赌场老板说，"我们讲 a la larga（长期来看）。"我说道，"我们称之为'长期来看'。"后来，鲑鱼先生告诉我其实在波多黎各的俚语里面，"Salmon"是蠢蛋的意思。

赌场把鲑鱼先生看作蠢蛋，然后在赌局的进程中进一

⊖　1 英尺 = 0.305 米。
⊜　此处作者有明显的笔误 patter，应为 pattern。——译者注

步强化了这个印象。在牌快要发完的时候他明显地胡来，他会对一手天成不断地要牌，直到爆掉。有时对一对 10 或者一对 A 也是这样，还有的时候，拿到一对 A 他就停止要牌！这绝对是疯了，赌场的人一遍又一遍地跟我讲。

我只能微笑回应，说这确实难以理解（对他们来说，确实是），这样的玩法只能带来灾难。我指出，我的基本策略，即计 5 策略和计 10 策略，都不会这样玩。那鲑鱼先生真的疯了？才不是。

鲑鱼先生采用了第 1 版（见本书第 8 章）中的是"终局玩法"。让我们用一个例子来解释。波多黎各赌场用两副牌玩，直到发完为止。两副牌的最后一张牌被抽出来不玩。假设现在简单计点法的计数是 −8，而且现在（大致）还剩 16 张牌。记住：鲑鱼先生用筹码把桌子都占住了。由于有 7 个位置，他可以玩 1 到 7 手。假设他现在玩 4 手牌，每手牌下的赌注是 1 美元（记住现在牌型很差）。他和庄家发了 10 张牌。假设鲑鱼先生的第一手牌是（10，10），第二手牌是（A，10），其他的都是小牌。他对（10，10）要牌，直到爆掉。如果可能的话，他对（A，10）也如法炮制。然后他对小牌抽牌，不会爆掉。当所有的牌都发完以后，用过的牌就重新洗牌，（10，10），（A，10）这样的牌也会重新洗，而桌上留下的小牌不会被洗掉。

从发牌盒中开始发下一轮的牌，里面的小牌就少了。鲑鱼先生这时下 50 美元的注并且拥有对庄家的优势。平均来讲，直到两副牌用完之前他都对庄家保持优势。快结束时，他又可以用同样的方式控制下一轮发牌盒中牌的组成。

鲑鱼先生有意地输掉一些 1 美元的牌，多赢些 50 美元的牌。然而，赌场老板却觉得他是蠢蛋。

我们也立刻采用了鲑鱼先生的策略。接下来的几个晚上，赌场会发现一个、两个，有时是三个大师级的玩家从开始营业就霸住一张空桌，这些"大师"用各种不规则的筹码堆占领赌桌。波多黎各的荷官动作非常快（在我看来，比拉斯维加斯的荷官平均快许多）。可是，尽管我们需要记住大量的牌并且快速心算，我们每个人其实仍然可以比最快的荷官还要快。

有一天晚上，牌快要发完的时候，我有大约一个小时在输钱。庄家的明牌是 10，我有 7 手牌，点数不一。我用的是一个计点方法的变种，其中 2，3，4，5，6，7 计为 +1；8 计为 0；9，10，A 计为 -1。发牌时所有牌都已经用完了，点数是 0。所以那张没看到的牌，也就是庄家的牌，是"0"。因此，庄家的暗牌是 8，总点数为 18。

重新洗牌以后继续玩，我只能对几个硬 17 点继续要牌，都爆掉了。

荷官讽刺地看着我，笑着对我说："兄弟，你是算牌的。为什么（笑声），我赌你甚至知道我的底牌。"旁边几个荷官也咧开嘴笑了起来。我就说："是啊，你的底牌是 8。"这个荷官笑着招呼其他几个荷官和监赌人过来，他轻蔑地解释说，这个美国"专家"说他的底牌是 8。他们用不友好的西班牙语在那里叽叽喳喳地小声评论。

我已经累了，准备休息一下。最近 1 小时，我已经偶然地记错了一个点数。$^{\ominus}$ 这次有可能是我错了（如果真的错了还好些）。然后庄家翻开底牌，就是 8，喋喋不休的西班牙语再次响起。

我们继续玩了 5 个晚上。考虑到我们的下注额很小，这段时间我们的资金波动相当剧烈。有一次，我们输了几千美元，这使得我们加倍努力，那几天我处在巅峰状态。我可以计算 A 的数量、点数和剩余牌量，或者 A，10，非 10 的数量，有时候不止 3 个变量，甚至是 4 个或者 5 个变量。整个晚上，我可能只有一两次计算错误！但是我还是很难赢到。

我查看是否有作弊行为，只找到一次状况。M 先生和我在一家很热闹的俱乐部（不是拉孔查酒店）的同一张

$\ominus$　一个重要而有趣的事实是，如果计牌的错误是"随机的"，即没有固定的"模式"和"倾向"，它们对系统玩家来说无伤大雅。

赌桌上玩。荷官看起来十分笨拙，总是从发牌盒里同时滑出两张牌。两张牌会卡住，然后他就摸来摸去。最后，我们被搞烦了，就换到另一桌，然后那个发牌盒也被挪了过来！我们再换一桌，发牌盒又被挪过来！M先生要求检查这个发牌盒，我们就叫了政府值班人员过来。它表面看上去没有什么问题。

但是，我们知道赌场用了发第二张牌的伎俩。这伎俩很常见，比如，在旧西部的法罗牌里。在发牌盒窄窄的出口处藏有一套精巧的装置。如果这个发牌盒是作弊神器，那么它的一边可能被掏空了。它有一个长的和两个短的面板，我们用筹码敲击短边的面板，声调都一样。我们再敲击长边的面板，声调则更高一些。根据物理学原理，长边的声音应该更低才对。我们又测试了其他几个外表完全一样的发牌盒，敲击长边的声音都如预期的那样低沉。结论是：这家赌场不能再来了。

为什么我们没有要求没收这个发牌盒并且进行调查呢？主要是因为我们和政府工作人员没法沟通，他好像听不懂英语，并且他也不明白我们说的重点。当然，在合适的时间点，有证据在手，可以采取一些有效措施。一旦没证据了，也就没机会发起有效的投诉了。

离开前，我们总共赢了不到2000美元，勉强能够负担四个人在这里的豪华度假。这相当于在内华达州通过更高的下注额赢到 20 000 美元，但是我们应该赢到更多才对，因为玩的环境是理想的，同时，发到最后一张牌的规则也可以让我们充分应用终局玩法。而且，鲑鱼先生在同样的时间段里玩得没有我们厉害，却赢了 7000 美元。我们发现，用计点法和计 10 策略取得的胜果几乎没有区别。

关于终局玩法的有趣想法

最终，在我们离开的前一晚，我想到了如何利用发到最后一张牌的规则在波多黎各发一笔财。我的想法在几天前就成型了。M 先生对于波多黎各赌场的礼貌、友好、轻松的氛围印象深刻，这里和拉斯维加斯以及其他内华达赌场的体验大不相同。他让 N 先生帮他计算 A 的数量，这奏效了；然后帮他计算 10 和 A 的数量，也奏效了；最后，N 先生完全承担起了用筹码帮我们计数的重担。令人惊奇的是，N 先生所做的居然被忽略了。

这使得我意识到，计算所有牌是可行的，如果足够精确的话，我们甚至可以知道庄家的底牌，利润绝对丰厚。第二天下午，我们在房间里用小规模的计数单练习了一下。我的想法是，玩家有一个助手，用计数单计算所有的牌。

我们可以在两副牌开始的时候玩7手，采用基本策略。很快，牌就会用得差不多。现在两副牌的104张牌实际会用到102张，因为最上面一张会被曝光，最下面一张会被抽出。每手平均用3张牌，所以，每一轮的7手加上庄家，大约用掉24张牌。这样3轮下来，用掉大约72张牌，剩下大约30张牌。

假设这是在真实的赌局中，我们可以再玩几手，以保证牌在下一轮就被用完。但是我们必须保证牌是在庄家拿到暗牌以后用完的，这样我们就可以用计牌法判断庄家的暗牌是什么。

我们不停地玩，直到这轮结束以后还有16张或者更少的牌。此时产生不确定性的原因在于我们无法提前控制庄家会要几张牌。在这种情况下，玩5手牌要2张牌或者玩6手牌不要牌，会用到12张牌。因为在最初的30张牌中庄家用了2张，牌盒中还剩下16张牌减去庄家的用牌数量。

假设庄家要2张牌，那么就会在最后一轮牌盒中留下14张牌（加上一张不玩的牌）。我们现在玩6手牌，每手都押最大赌注50美元，14张牌正好够发我们和庄家的底牌。我们的牌和庄家的明牌是面朝上的，可以被全部看到。我们现在对第一手牌要牌，不去管它的点数。庄家抽出最后一张牌，注意是最后一张牌，但不会给我们。当我们看到这张牌以后，唯一没有见过的就是庄家的暗牌了。通过我们的计数，我们就可以知道这张牌是什么了。

庄家重新洗牌以后，我们用这 6 手牌继续玩。他会问我们是不是还对第一手牌要牌。（如果赌场的规则是由于洗牌之前我们是要牌的，因此必须要牌，那么我们可以在这一手只押 1 美元。）

知道庄家暗牌情况下的策略

我们用新的"基本"策略来玩这手牌和其他 5 手牌。这里"基本"的意思是说（简化起见），我们只考虑庄家的两张牌和已发出的暗牌。

不再根据庄家的明牌，我们现在根据庄家手里的两张牌来确定策略，总共有 55 种组合。这个策略的具体计算由朱利安·布劳恩完成，并在我们出发去波多黎各的几个月之前发给了我，表 6-1 给出了结果。

注意，这个策略和面对庄家相同硬点数的策略非常相像。

布劳恩计算出当他知道庄家的暗牌时，在一副牌的经典规则下，玩家的优势是 9.9%。（正如大家关心的那样，布劳恩发现假如平局都算庄家赢，玩家仍有 2.1% 的优势。我们省略这种情况下的不同策略。）

表 6-1 当庄家暴露底牌后的基本策略

庄家的硬点数

庄家明牌点数	MH	MS	加倍硬点	加倍软点	分牌
2, 2	14	18	10, 11		1, 7, 8
2, 3	13	18	10, 11		1~3, 6~9
2, 4	12	18	9~11	17, 18	1~3, 6~9
3, 3	12	18	8~11	13~19	1~4, 6~9
2, 5	17	18	10, 11		1~3, 7, 8
3, 4	17	18	9~11		1~3, 7, 8
2, 6	17	18	10, 11		1, 7~9
3, 5 或者 4, 4	17	18	10, 11		1~3, 7~9
2, 7 或者 3, 6	17	19	10, 11		1, 8, 9
4, 5	16	19	10, 11		1, 8, 9
2, 8	16	19	11		1, 8
3, 7 或者 5, 5	16	19	11		1
4, 6	17	19	11		1
2, 9	16	18			1
3, 8	15	18			1
4, 7	14	18			1
5, 6	14	19			1
2, 10 或者 3, 9 或者 4, 8	12	18	8~11	13~19	1~4, 6~9
5, 7 或者 6, 6	12	18	8~11	13~20	1~4, 6~10
合计点数 13	12	18	7~11	13~20	1~4, 6~10
合计点数 14~16	12	18	5~11	13~20	1~4, 6~10
合计点数 17	17	18			2, 3, 6~8
8, 10	18	19			2, 3, 7~9
9, 9	18	19			3, 6~9
9, 10	19	19			9
10, 10	20	20			

庄家的软点数

庄家明牌点数	MH	MS	加倍硬点	加倍软点	分牌
A, A	16	18	11		1, 8
A, 2	15	18	10, 11		1, 7, 8
A, 3	14	18	10, 11		1, 7, 8
A, 4	13	18	10, 11		1, 2, 6~9
A, 5	13	18	9~11	17, 18	1~3, 6~9
A, 6	17	18			1~3, 6~8
A, 7	18	19			2, 3, 7~9
A, 8	19	19			9
A, 9	20	20			

MH= 最小硬点停止点数

MS= 最小软点停止点数

在这场赌博中玩家的优势是 9.9%（我们假设赌博是正常进行的，除非庄家暴露了他的暗牌）

知道庄家暗牌的价值

通过完全计点法确定庄家的暗牌，我们从每一盒牌中平均可以获得 25 美元左右的收益（50 美元 / 手 ×5 手 × 10%）。我们每小时至少可以玩 6 盒，每晚玩 6 小时（休息 2 小时），这样总共是 900 美元——"基本工资水平"！但是，在离开之前，作为一个团队，我们没有足够熟练。并且，由于鲑鱼先生的原因，波多黎各的规则之后也迅速地改变了，因此我们一直没有机会付诸实施。[○]

在一个普通的赌局中，玩家有时候可以发现庄家的暗牌。我第一次遇到这样的情况是在拉斯维加斯的一家很大的酒店里。一个人在一张最小下注 5 美元的赌桌上玩，他每手下注 200 ～ 500 美元，赢得很快。更奇怪的是，他和荷官的关系似乎处得很好。我坐下来，下注 25 ～ 100 美元，这样在他大赌注的掩护下，我的输赢就不引人注目了。

我很快发现，每当庄家有 17 点或者更多时，玩家总是在 16 点或者更低点数时要牌。有一次当庄家的明牌是 10 而暗牌是 6 时，玩家在 12 点就停止了！然后我注意到，

○ 在波多黎各，我很少有机会可以赢很多钱。强烈的公众兴趣和关注包围着我，这使得赌场对我的一举一动都格外关注。只要我的盈利稍微多一点，规则就立刻随之改变。鲑鱼先生的成功诀窍在于他把真实的盈利能力隐藏了很长时间。正如我们所见，当他的技巧"曝光"以后，赌场也改变了规则。

荷官通过特别长时间地看他的牌，提示玩家庄家的牌是否"鸡肋"（12～16点）或者可能鸡肋（4～6点）。如果他有一手好牌（17～21点），或者可能的好牌（7～11点或者软12点到软16点），他会很迅速地看牌。他在暗示玩家怎么做。如果他只是瞄一眼，则玩家应该追求17（或者更多）点。如果他看了很久，玩家在硬12点就要停止要牌。

当然，细节是过了一段时间之后才比较明显的，但是我准确地抓住了"好"和"坏"的关键部分。在接下来的20分钟里，玩家又赢了2000美元，他给了荷官300美元小费。在这段时间里，我赢了差不多500美元。然后荷官换班了，这个场景就不复存在了。

在内华达州，如果庄家的明牌是10点或者A，荷官要先看底牌然后才给其他玩家发牌。如果他是天成，就要和各个玩家结算。如果荷官没有经验，可能会暴露暗牌的信息。比如，如果明牌是A，暗牌是一张小牌，一些没有经验的荷官就扫一眼（因为没有"图案"）知道不是10点，只停留很短的时间。如果明牌是10，则情况相反，这时他们想知道是不是一张A。如果暗牌很大，他们就看得很快；如果暗牌很小，他们必须要多弯折不少才能确定是不是一张A。在拉斯维加斯的赌场里，在我帮F先生（见第12章）和X先生用标准方法于几小时内赢了1600美元以后，

F 先生为表示感谢，告诉了我这个秘密。F 先生和他的小伙伴把这个叫作荷官泄密。

长期来看：鲑鱼先生赢了 5 万美元

我们带着美好的回忆离开了波多黎各，期望着在学校放暑假之后再来度个开心的假期。鲑鱼先生担心我们的这次到访和即将到来的重游会害死赌场这只下金蛋的鹅，他开始在所有有利的情况下全额下注，两个月后他的盈利达到了 5 万美元。

鲑鱼先生平均一周玩五六个晚上，每晚七八个小时，总共玩了 9 个月。按 40 周算，每周 40 个小时，也就是 1600 个小时，每小时玩 150 手，他总共玩了 24 万手。在每手赌注都不超过 50 美元（除了有限的加倍的情况外）的前提下，他赢了 5 万美元。这是我所知道的最长时间的在赌场内进行计点系统的实测，这是制胜策略令人瞩目的证明。

在拉斯维加斯，最大限额是 500 美元（并且是公平游戏的话）的结果将是 50 万美元！不考虑他的"温和的"赢钱数目，鲑鱼先生的胜利是博彩历史上的一次马拉松壮举。长期来看，他在波多黎各的赌场墙壁上写上了浓墨重彩的一笔。

波多黎各的规则改变了

赌场后来就不再发牌到最后一张了。对于强大的玩家（比如鲑鱼先生、M 先生和 N 先生），赌场会尽可能频繁地洗牌。

鲑鱼先生致电来跟我探讨对策时，我知道了这个坏消息。我建议他开发些处女地，可以试下巴拿马、库拉索、阿鲁巴，还有（谨慎的）巴哈马。海地和多米尼加不要去：可能要美国海军陆战队才能从那儿把盈利带回来（如果有的话）。我告诉他，拉斯维加斯是一个粗陋又冷酷的地方。在那个时候，那儿作弊的问题很严重。但是如果他能够避开作弊，或者能采用第 9 章中的"送报路线图"技术，他可能赢很多钱。他尝试着去了拉斯维加斯，但很快被收割了 2500 美元。

我最后听到鲑鱼先生的消息是他在四季如春的波多黎各春风得意。他拥有一队出租车，每辆车每周给他交 100 美元的租金。他徜徉在温暖的海滩和夜总会之间，过着花花公子般的生活。每当听说加勒比海地区有"好"的 21 点赌局，他就赶过去"捞"一票。但是他时常怀念着过去的美好时光：钱就像长在树上，他要做的就是去摘下来。

第 7 章

完全计点系统

就像简单计点系统一样，完全计点系统（也叫高 – 低计点系统）已经独立地在《击败庄家》中提出，并被许多读者熟知。但是，这个系统首先是由位于纽约塔里墩的西蒙斯精确制造公司（Simmons Precision Products Corporation）的哈维·都伯纳（Harvey Dubner）向科学界提出的，然后都伯纳在有几千名计算机专家参加的 1963 年国家级半年度秋季计算机会议的一个专题讨论中汇报了他的结果。会议在内华达州的拉斯维加斯召开，专题讨论的主题是用计算机研究兼具技巧和概率的游戏。

领域内的知名专家讨论了在像 21 点、百家乐、轮盘赌、围棋等游戏中的研究工作。除了都伯纳，小组成员还有：IBM 公司的朱利安·布劳恩（基于我最初为电脑程序做的延伸和改进，布劳恩的详细计算结果是已知的最精确的，他还慷慨地允许我在修订版中使用他的结果）；理查德 E. 斯普拉格（Richard E. Sprague）、计算机系统总监、图什（Touche）、罗斯（Ross）、贝利（Bailey）和斯玛特（Smart）（《电子商务系统》（Electronic Business Systems）的作者）；威廉 E. 瓦尔登（William E. Walden），他曾经在洛斯阿拉莫斯科学实验室（Los Alamos Scientific Laboratory）工作，目前是奥马哈大学（the University of Omaha）计算中心主任（他和我一起开发了内华达轮盘赌系统，我们的盈利迫使赌场

改变了以前的布置方式）；艾伦 N. 威尔逊（Allan N. Wilson）
（《赌场博彩指南》（*The Casino Gambler's Guide*）的作者；
此书的读者可能会对威尔逊关于 21 点的长篇报道感兴趣）。
从兰德（RAND）公司来的数学家，同时也是博彩系统如凯
利系统的专家——罗伯特 E. 卡拉巴（Robert E. Kalaba）做
了学术评论。

我是这个专题讨论的主持人。

热情的都伯纳对完全计点系统的评价甚高，他的计算
结果支持了他的结论。会议期间，他在赌场的战果也相当
不错（小赌怡情），其他专家的兴趣被调动起来了。布劳恩
又进行了详细的计算。（他的计算技术是基于第 1 版中用于
开发计 10 策略的方法的。）虽然最新结果显示，都伯纳的
结果在细节上不够精确，布劳恩发现，完全计点系统是一
套强大而有效的 21 点制胜策略。

完全计点系统具体比计 10 系统好多少或者差多少，现
在还不知道。但是，完全计点系统相对更强大。在一个赌
场有反制措施、收紧规则、荷官最终也学会计牌的时代，
完全计点系统是一种新武器。初学者应该先通读计 10 系统
的章节，然后选择完全计点系统或者计 10 系统作为第一个
掌握的制胜策略。对那些已经掌握计 10 系统的读者来讲，
完全计点系统是一个有价值的替代，如有可能，务必掌握。

计牌

在完全计点系统中，我们对简单计点系统进行了升级与优化。第一步，对剩余牌量进行精确计数，而非大致计算。所以我们需要记住两个数字，即前面提到的总点数和未见牌数。未见牌数的计算很简单，对于一副牌，从 52 开始计数。每次你看到一张牌，就从总数里面减去 1。如果因为各种原因你没有看到某张牌已经出现过，不要改变现在的数字，当你看到曝光的牌或者荷官发到最后一张牌时，再调整牌的总数。

当我们只记忆总点数时，未见牌的数量可以在玩一手牌或者结束这手牌以后再计算。唯一重要的事情是在确定下一把的下注额之前知道总点数。你甚至可以等到一手牌结束后再清点牌的张数。我们还可以这样做：根据将要得到的信息下适当金额的赌注，同时跟踪未见牌数和总点数。我们仍然使用基本策略来玩牌。

当我们想利用未见牌数的信息来调整玩牌的策略时（优化基本策略），仍然是这样计算的。但是，每看到一张牌就调整未见牌数会更好，这样计算未见牌数的方法叫作"实时计算"。这有点像篮球比赛中的全场紧逼战术：你计算的未见牌数是随时待命的。只有在牌完全重洗、更换荷官或者你换一个赌局时，才停止计算。

　　自然，实时计算是更累人的。如果计数对你来说很容易，就使用它，它是最好的。如果计数对你来说很困难，别担心，找出对你来说最容易的方法，然后使用它。你自己的方法可能已经足够好了，说不定对你来说效果还更好一些，因为你不容易犯错。

　　现在看看我们如何利用未见牌数来确定下注的大小，用点数除以未见牌数。举例来讲，对于 1 副牌的赌局，发了 5，5，3，8，点数会是 +3，未见牌数是 48，我们就得到 3/48 或者说大约 0.06。我发现最简单的方法就是估计一个最接近的百分点，在本例中，这个数字就是 6（个百分点），因为转变成百分点意味着乘以 100。我把最终得到的这个数字叫作高低索引。

　　如果是玩 2 副牌，发出了同样几张牌，我们得到的是 +3 分，104−4=100 张未见牌，高低索引是 3。如果是 4 副牌，发出了 A，10，10，9，8，8，10，A，A，高低索引是 −6/199 或者 −3（个百分点）。

赌注

　　在高低索引是 2 或者更低时，下 1 个单位的赌注；在高低索引是 4 的时候，下 2 个单位。一般来讲，下高低索引的一半基本单位的赌注。索引是 6，就下 3 个单位；索引是 8，就下 4 个单位；索引是 10（或者更多），下 5 个单位。对于上下界限之间的值，你可以按照你的喜好决定下注的倍数。比如，如果索引是 5，你可以将其归类为 4 或者 6，分别对应下 2 倍或者 3 倍的赌注。即使当索引超过 10 时，你也不应该下超过 5 倍的赌注，原因是：如果你这么做，就太刺激赌场了。

要牌与停止要牌

基本策略最适用于完整的 1 副牌。但是如果缺少其中的几张牌，我们也了解相关信息，我们可以进一步优化基本策略。举一个简单的（也不太现实的）例子，假设赌局开始时用了 4 副牌，其中只有小于 4 点的牌，那么不管庄家的明牌是什么，玩家在硬 17 点的时候都应该继续要牌。这与基本策略截然不同，因为后者建议玩家在庄家明牌为 4，5，6 的时候，即硬 12 点以上就要停止要牌。

使用表 7-1，查找对应庄家明牌和你的硬点数的方格。如果表中说"要牌"或者"停止要牌"，操作就很简单。如果找到的是索引值，那么你在实际索引值比表中的数字大的时候停止要牌。如果实际索引值小于或者等于表中的数字，那就要牌。

表 7-1　硬点数下使用高低索引值判断要牌还是停止

你的点数	庄家明牌点数									
	2	3	4	5	6	7	8	9	10	A
18 点或更高	停止									
17										−15
16	−21	−25	−30	−34	−35	10	11	06	00	14
15	−12	−17	−21	−26	−28	13	15	12	08	16
14	−05	−08	−13	−17	−17	20	38			
13	01	−02	−05	−09	−08	50	要牌			
12	14	06	02	−01	00					

注：索引的单位是百分比。当你的索引值大于表中相应数值的时候停止要牌；当你的索引值小于或等于表中相应数值的时候继续要牌。本表假设你已经将你的暗牌和庄家的明牌计算在你的索引值内。

举例来讲，假设庄家的明牌是 10 点，你的硬点数是 13。表 7-1 告诉我们，不管你的索引值是多少，继续要牌。假设你拿到一张 3，现在你是硬 16 点，如果你的索引值是 2 或者更小，就继续要牌，如果索引值大于 2，停止要牌。（警告：负的索引值小于正的索引值。我们用＜表示"小于"，通常来讲，我们有…＜ −3 ＜ −2 ＜ −1 ＜ 0 ＜ 1 ＜ 2…以此类推。因此，一个绝对值大的负索引值小于一个绝对值小的负索引值。对负数不熟悉的读者要注意。）

表 7-2 给出了对于软点数的要牌和停止要牌策略，它与表 7-1 的读取方式一样。注意：在软点数的情况下，除了以下三种情况，本策略与基本策略基本一致。

表7-2   软点数下使用高低索引值判断要牌还是停止

你的点数	庄家明牌点数									
	2	3	4	5	6	7	8	9	10	A
19点或更高	停止									
18									12	−06
17	要牌						29	要牌		

注：当你的软点数是16或者更低的时候继续要牌。

1. 在软17点对庄家明牌7时，索引值大于29，停止要牌（基本策略是继续要牌）。

2. 在软18点对庄家明牌10时，索引值大于12，停止要牌（基本策略是继续要牌）。

3. 在软18点对庄家明牌A时，索引值为−6或者更小，要牌（基本策略是停止要牌）。

前两种情况在实际牌局中非常少见，在成为专家前可以忽略。因为−6比较接近于0，我们可以把第三种例外情况简化为：软18点对庄家明牌A，如果当前牌型是中度不利，就继续要牌。这样，表7-2的结果可以简化为：对于软点数时的要牌和停止要牌，应用基本策略，除了一个例外，即软18点对明牌A，当牌局中度不利时，要牌。

加倍

硬点数的加倍策略在表7-3中给出。注意：有时对硬

5 点选择加倍是最佳策略！这个事实在以前都是不可想象的，直到最近才开始使用。还要注意：牌局的优势越大，我们越倾向于选择加倍。在你的索引值比表中的值高时，选择加倍；如果比表中的值低，就选择不加倍。

表 7-3　硬点数下使用高低索引值判断是否加倍

你的点数	庄家明牌点数									
	2	3	4	5	6	7	8	9	10	A
11	−23	−26	−29	−33	−35	−26	−16	−10	−09	−03
10	−15	−17	−21	−24	−26	−17	−09	−03	07	06
9	03	00	−05	−10	−12	04	14			
8		22	11	05	05	22				
7		45	21	14	17					
6			27	18	24					
5				20	26					

注：当你的索引值大于表中相应数值的时候加倍，当你的索引值小于或等于表中相应数值的时候不要加倍。对表为空格或者不在表中的情况也不要加倍。本表假设你已经将自己的暗牌和庄家的明牌计算在你的索引值内。

表 7-4 给出了软点数对应的加倍策略，其读取方法与表 7-3 类似。同样，牌局整体越有利，就应该更频繁地选择加倍（赢更多钱）。

表 7-4　软点数下使用高低索引值判断是否加倍

你的点数	庄家明牌点数			
	2	3	4	5	6
A, 9		20	12	08	08
A, 8		09	05	01	00
A, 7		−02	−15	−18	−23

（续）

你的点数	庄家明牌点数				
	2	3	4	5	6
A, 6	①	−06	−14	−28	−30
A, 5		21	−06	−16	−32
A, 4		19	−07	−16	−23
A, 3		11	−03	−13	−19
A, 2		10	02	−19	−13

注：当你的索引值大于表中相应数值的时候加倍，当你的索引值小于或等于表中相应数值的时候不要加倍。对表为空格或者不在表中的情况也不要加倍。本表假设你已经将你的暗牌和庄家的明牌计算在你的索引值内。

① 庄家明牌点数为2，你的点数为（A，6），只有在索引值介于01至10的情况下才加倍。

分牌

表 7-5 给出的是根据高低索引值进行分牌的策略。

表 7-5　使用高低索引判断是否分牌

你的点数	庄家明牌点数									
	2	3	4	5	6	7	8	9	10	A
A, A						−33	−24	−22	−20	−17
10, 10	25	17	10	06	07	19				
9, 9	−03	−08	−10	−15	−14	08	−16	−22		10
8, 8									24①	−18
7, 7	−22	−29	−35							
6, 6	00	−03	−08	−13	−16	−08				
5, 5										
4, 4		18	08	00	05②					

（续）

你的点数	庄家明牌点数									
	2	3	4	5	6	7	8	9	10	A
3, 3	−21	−34					06[3]			
2, 2	−09	−15	−22	−30						

注：当相应的方格是阴影就要分牌。

当相应的方格是空的或者不在表中就不要分牌。

当相应的方格写了数字，如果你的索引值大于它，则分牌，如果你的索引值小于它，则不要分牌。

① 庄家的明牌点数为 10，你的点数为（8，8），只有当索引值小于 24 时才分牌。

② 庄家明牌点数为 6，你的点数为（4，4），索引值大于 05，只要在不允许加倍的时候都要分牌。

③ 庄家明牌点数为 8，你的点数为（3，3），当索引值大于 06 或者小于 −02 的时候才分牌。

保险

如果索引值大于 8，那么就买保险，否则就别买。第 8 章给出了更详细的关于保险的讨论。

优势与有利战局出现的频率

图 7-1 刻画了玩家的优势随着高低索引值的变化而改变的趋势。注意由保险带来的收益。另外一个有趣的地方是：索引为正时玩家的收益大于索引为负时玩家的损失。这是因为玩家可以调整他的策略，所以他可以在一定程度

上减少不利牌局的劣势，同时，他也可以提高在有利局面下的优势。

这些数字给出了这样的印象：如果索引的负值足够大，玩家就又得到优势。这个印象是正确的，但是在实际中发生的概率极小，表 4-1 展示了一部分这

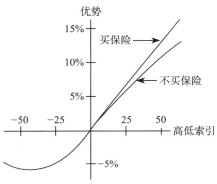

图 7-1　高低索引对应的玩家优势

种情形。举例来讲，当 Q（10）= 0，即索引是 −16/36 或者 −44 个百分点时，对另外一副完整的牌，玩家有 1.62% 的劣势。但是，正如图 7-1 所示，平均来讲，索引值为 −44 时玩家还是不利。当索引值为 −100 时，整副牌中剩余的都只有 2 ～ 6 点的牌，玩家总是占有优势，根据具体的牌玩家平均有 50% 左右的优势。

表 7-6 给出了不同索引值和不同的有利情况在实际牌局中出现的频率。注意，负值变化的概率与正值变化的概率是完全平衡的。为了演示如何使用这张表，考虑这个例子：发过 5 张牌以后，索引值在 5 ～ 15 之间的概率是 9.5%。索引值在 −5 ～ +5 之间的概率是 81%，在 −15 ～ −5 之间的概率是 9.5%。

表 7-6　有利局面的优势和出现频率

本表列出了不同局面出现次数的百分比

已出现的牌的数量 ＼ 允许保险的情况下的优势 (%)	更低	-6.0 至 -5.9	-5.9 至 -5.7	-5.7 至 -5.1	-5.1 至 -3.5	-3.5 至 -1.1	-1.1 至 1.4	1.4 至 4.3	4.3 至 7.2	7.2 至 9.7	9.7 至 12.7	12.7 至 14.6	更高
高低索引范围	更低	-55 至 -45	-45 至 -35	-35 至 -25	-25 至 -15	-15 至 -05	-05 至 05	05 至 15	15 至 25	25 至 35	35 至 45	45 至 55	更高
0							100.0						
5						9.5	81.0	9.5					
10					0.4	15.8	67.6	15.8	0.4				
15					2.7	27.5	39.5	27.5	2.7				
20				0.5	6.8	24.2	37.0	24.2	6.8	0.5			
25			0.1	1.9	5.9	24.0	36.2	24.0	5.9	1.9	0.1		
30			0.1	3.2	9.4	18.3	36.6	18.3	9.4	3.2	0.1		
35			0.7	3.4	13.5	23.2	13.3	23.2	13.5	3.4	0.7		
40		0.7	2.6	5.0	19.3	13.8	14.6	13.8	19.3	5.0	2.6	0.7	
45	5.3	1.3	7.3	12.1	0	16.3	18.0	16.3	0	12.1	7.3	1.3	5.3

注：为方便起见，该表的数据是基于 20 万次随机洗牌得出的结果，本来是可以使用直接计算得出结果的。因为做了四舍五入，所以表中第 4 行和第 8 行的数据加总后不等于 100%。

第 8 章

基于计 10 的制胜策略

本章讨论的策略，"计 10 策略"，是第 1 版中的"主力"制胜策略。从效能上讲，它与完全计点系统是可比的。专家应该同时了解两者，初学者应该尝试首先掌握其中一种，已经对计点系统很熟悉的读者可以跳过这一章或者快速浏览即可。

这个策略通常可为玩家带来 1% ～ 10% 的优势。在大的优势下赢大钱。小的优势给玩家以伪装：通过计点法，玩家根据优势的大小，下从等待机会的小注到几倍单位的大注，这在本策略中是种很自然的行为。相比只下两种注，即"大注"和"小注"，这没有那么显眼。

另一个详细的计 10 策略在伪装方面的优势是：玩家的决定与未见牌的组成息息相关。比如说，庄家的明牌是 A，有时玩家在硬 17 点时还继续要牌，有时却在硬 12 点时就停止要牌了！

就像从表 4-1 中看到的那样，有人可能会想，计 10 策略是如何比计 5 策略有更多优势的。牌与牌直接对比，5 点的牌比 10 点的牌影响更大，牌中加入 4 张 10 点牌带给玩家的优势是 1.89%，而抽走 4 张 5 点牌带来的优势是 3.58%。原因在于一副牌有 16 张 10 点的牌，而只有 4 张 5 点牌。因此，5 点牌数量相对平均值的偏离会远远大于 10 点牌数量的偏离。

10 点牌比例的变化对于玩家优势的影响

通常来讲，剩余牌中的 10 点越多，对玩家就越有利。我们想象一下把一副牌分成两部分，"10 点"和"其他"。在玩的过程中，我们跟踪其他牌的数量以及未见的 10 点牌的数量。这样，根据计 10 策略，我们只考虑已经见过的牌。就因为我们见过，通过计算其他牌 /10 点牌（其他牌相对 10 点牌）的比率，我们就可以判断"10 点牌富裕度"。举例来讲，假设整副牌重新洗，准备开始玩。对于整副牌，"计数"是 36 张其他牌和 16 张 10 点牌，简单讲就是（36，16），对应的比率是 36/16 即 2.25。表 8-1 给出几种比率下的大致优势值以供快速参考。

表 8-1　计 10 策略中玩家的大致优势

其他牌 /10 点牌的比率	常态下大致的优势（%）	其他牌 /10 点牌的比率	常态下大致的优势（%）
3.00	−2.0	1.35	5.0
2.25	+0.1	1.25	6.0
2.00	0.0	1.16	7.0
1.75	2.0	1.08	8.0
1.63	3.0	1.00	9.0
1.50	4.0		

学习计点

我们的第一个目标是学会在使用标准策略玩牌时，跟踪已出的其他牌和10点牌的数量。这里有一个练习，可以作为学习计数的准备活动。拿一副完全洗好的牌，每次翻开一张牌，"计算"然后把它们翻开放到另一堆里。比如，我刚从写字台上拿起一副牌。我开始计数："（36，16），黑桃3（35，16），梅花5（34，16），红心3（33，16），方块4（32，16）——现在比率是2.00，目前这手牌带给玩家1%的优势（见表8-1），方块3（31，16），黑桃6（30，16），方块Q（30，15），以此类推。"一副牌快结束时，停下来记录你的数字，看看剩下的牌和你的计数是否一致。在上例中，当我停下时，我的计数是（2，1），最后三张牌是梅花2、梅花9、梅花K，与我的计数吻合。

开始的几次，你可能需要2分钟甚至更长，才能不犯错误地完成一副牌。但是，通过6～8组15分钟的训练，你应该可以在25～50秒之间完成。50秒已经足够应付实际情况，25秒就属于超级棒了。我一直无法突破25秒，直到我发现其实需要用20～25秒把牌翻过来，不管是否同时还在计数。如果你想把这个练习推向极致，有一种方法可以使你突破25秒的屏障。取走几张未知的牌，把其他的牌面朝上排成一行，露出足够的部分，以保证可以判断每张牌的点数，然后从左往右或者从右往左开始计数。你应该学会从任意一个方向都能同样轻松地读取。你的计数可以和取走的牌进行对比，看是否正确。

　　我刚练习了展牌极速计点的技能没多久，就有一个机会来应用这个技能。我在某家赌场进行验证，看是否有作弊的行为。首先，很自然地，从观察钱最多的赌桌开始。洗牌之后，赌场放一张翻开的大王在整副牌的下面，把用过的牌与未用的牌隔开。发完牌以后，这张大王不见了！吃惊的玩家要求检查整副牌。荷官用标准方式把牌展开，4秒钟左右又收起来。即使很快地计点，我也只能计到前面的 12 张牌。

　　玩家要求仔细地检查这副牌，这次荷官给了他们 10 ～ 15 秒时间。当我计到 38 张牌时（28，10），荷官开始慢慢地把牌收起来。我迅速地数了剩下的牌，没有管具体的点数，还剩下 20 张牌，这副牌居然有 58 张！当然，荷官仍然没有给玩家足够的时间检查这副牌。他们要求换一副新牌，并且要求监赌人来检查原来的这副。监赌人把牌拿到一边去数，他拿牌的方式使得没有人可以跟他一起数。

　　当他数完以后，脸上闪过一种古怪的表情。然后，监赌人没有说任何话来解释之前的状况，就带着那副牌离开了。轻信的玩家继续玩，很快忘了这件事。监赌人精准地判断出这群人很傻、很天真。

通过这样的练习提高你的计牌速度时，还要有人发牌给你，而你在应用基本策略。让他们发得足够慢，好让你算起来容易些。用大概 200 个单位的筹码开始玩。每一手牌开始前，根据你的计数估算比率。按照表 8-2 里面的体系调整下注额度。

表 8-2　计 10 策略的一个保守的下注方式

比率	赌注（最小单位）
大于 2.00	1（最小的）
2.00 ～ 1.75	2
1.75 ～ 1.65	4
小于 1.65	5

大致来讲，当比率在 2 与 1.65 之间时，我们最多下 2 倍注，因为我们的优势最多不超过 1%。当比率小于 1.65 时，我们下 5 倍注，这样我们赌注的变化不至于无谓地引起赌场的注意。我们不需要在脑中做除法来精确计算比率，大致地估算，误差在 0.1 ～ 0.2 以内就已经足够了。

保险

这里有一个需要马上考虑的与标准策略相比显著的区别。当比率在 2.00 以下时，如果机会出现（庄家的明牌是A），就要买保险。如果比率在 2.00 以上，不要买保险。这是合理的。如果牌中 10 点比例偏高，而庄家的明牌是 A，他就更有可能拿到天成。在决定买保险之前，允许你检查自己的底牌（而且你还有机会看到其他玩家的底牌）。如果你愿意，在决定是否买保险之前，这些因素都可以被考虑进来。

当我们知道 10 点牌与非 10 点牌的数量时，我们就可以计算买保险对玩家有利还是对庄家有利。我们通过从一副完整的牌中发牌来进行计算过程的说明，这种情况代表了庄家的平均优势。在这种情形下，庄家的明牌是 A。由于庄家的 A 是看得到的，他的底牌有 51 种可能性（为了简化，假设我们不考虑自己的两张底牌），其中 16 张是 10 点牌。平均来讲，玩家要赢到保险费的 2 倍的比例就是 51 张牌中的 16 张，或者说 31.4%，51 张牌中的 35 张牌会输，庄家的平均优势是 $35/51 - 2 \times 16/51 = 3/51 = 5.9\%$。

假如你把自己的底牌纳入，有 3 种情况需要考虑。如果你的底牌是（10，10），庄家优势是 $35/49 - 2 \times 14/49$，就是 7/49 或者 14.3%。如果底牌是（10，x），这里 x 代表一张非 10 牌，庄家优势是 $34/49 - 2 \times 15/49$，就是 4/49 或者 8.2%。如果你持有（x，x），庄家的优势是 $33/49 - 2 \times 16/49$，这只有 1/49，或者 2.0%。

保险最初是赌场作为剥削玩家的一种手段而推出的。

讽刺的是，对庄家如此有利的手段竟可以反过来被用来对付庄家。当然，技巧不只是我们一直以来用到的这些。庄家的平均优势是5.9%，但在有些时候，玩家具有优势，我们在这样的条件下买保险，反之则不买。例如，当计牌结果是（10，10）时，玩家买保险的平均收益是 $2 \times 10/19 - 9/19$，即 $11/19$，买保险能获得很有利的58%的优势。

有一次，我在里诺的一家大赌场里玩，我注意到没有买保险的选项。赌场的一个老板就在我旁边（因为那时候我开始快速地赢钱，他们冲过来阻止我），我问为什么不能买保险？老板说因为这对玩家是不利的，会让他们少赢钱。作为一个大玩家（所谓的大玩家通常只是幽默的说法，几乎没有特权），我问能不能让我买保险，并解释说下大注的时候，买保险能让我有安全感（比如计点结果是（10，10）时）。我的要求被无条件地拒绝了。我后来从一个玩家那里得知，他通过终局玩法（后面讨论）、保险规则和计点方法，在被阻止之前，从这家赌场赢走了至少4万美元。

很多玩家和荷官都对保险有两个广为流传的误解，他们经常极力试图"说服"持不同意见的人。第一个误解是玩家拿到天成时，在可能的条件下总是应该买保险。理由是如果庄家也是天成，本来平手的牌，用了保险可以赢1

倍。如果庄家不是天成，玩家的天成可以赢 1.5 倍赌注，除去他买保险的 0.5 倍赌注，还是赢 1 倍。不管怎么样都能确保赢一倍赌注，为什么不呢？

首先，我告诉你，有一种情形下，买保险完全是浪费。假设你在计 10 点牌和非 10 点牌，在看你的底牌之后和决定是否买保险之前，你发现 10 点牌用完了。在这种情况下，庄家不可能有天成。如果你对自己的天成买保险，就会拿到 1 倍赌注，就像前面讨论的一样。但是，你知道你的天成肯定赢，所以如果不买保险，你就拿到 1.5 倍赌注。在这种情况下，买保险就是扔掉了 0.5 倍的赌注。

现在，假设牌中只有一张 10 点牌和 8 张非 10 点牌。买不买保险？不买，因为你的保险可能有收益，也可能纯属浪费。另外，如果所有剩下的牌都是 10 点牌，庄家注定拿到天成，保险给你赢到 1 倍的赌注。想象一下，牌中有越来越多的 10 点牌，总会有一个关键点，如果大于它，买保险是合算的，否则就是不合算的。这和我们之前谈到的一样。当比率在 2.0 以下时，买保险；当比率在 2.0 以上时，就不买；当比率等于 2.0 时，从长期来看，收益与风险相当，你就随意。事实上，在这个例子中，买保险会降低你的资金额的波动，所以，如果你资金有限，在比率为 2.0 时买保险有一点点好处。

　　同样的推理过程适用于第二个误解："如果你的牌好，就买保险；反之就不买。"

策略表

　　计 10 策略有点复杂，为了最好的结果，我们必须在比率变化时调整策略，对于每个比率都有对应的策略。幸运的是，这些分散的策略可以被整合到一张表里面，如表 8-4 所示，更优化的策略在表 8-3 中。使用表 8-3 的玩家进行"实时计点"，也就是说牌出现以后就计算。根据这些精确到秒级的信息，他能够玩得非常精确。很多第 1 版的读者都成为表 8-3 的专家（在那一版中是表 5-3）。表 8-3 与表 8-4 采用我们常用的格式，只有一个例外：有些方块，不是简单的阴影，里面还有数字。在加倍和分牌的选择中，对这些数字解读如下：如果比率等于或者小于方块中的数字，就认为这个方块是阴影的，也就是选择加倍或者分牌。如果比率大于方格中的数字，就当这个方格是空白的，也就是不要加倍或者分牌。有几个数字被标出了，对这几个数字要用相反的方式解读。如果比率高于这个数字，就认为这个方格是阴影的，反之则认为它是空白的。

表 8-3　基于比率的实时计点的计 10 策略

分牌

你的点数	2	3	4	5	6	7	8	9	10	A
A, A	4.0	4.1	4.5	4.9	5.0	3.8	3.3	3.1	3.2	2.6
10, 10	1.4	1.5	1.7	1.9	1.8					
9, 9	2.4	2.8	3.1	3.7	3.2	1.6		4.2		1.5
8, 8									1.6①	4.8
7, 7	2.4	2.6	3.0	3.6	4.1	3.4				1.4
6, 6										
5, 5										
4, 4	1.3	1.6	1.9	2.4	2.1②	1.1①	2.4①	4.2①	5.3①	
3, 3	3.1	3.8				1.1①	3.8①			
2, 2	3.1									

庄家明牌点数

硬点加倍

你的点数	2	3	4	5	6	7	8	9	10	A
11	3.9	4.2	4.8	5.5	5.5	3.7	3.0	2.6	2.8	2.2
10	3.7	4.2	4.8	5.6	5.7	3.8	3.0	2.5	1.9	1.8
9	2.2	2.4	2.8	3.3	3.4	2.0	1.6			0.9
8	1.3	1.5	1.7	2.0	2.1	1.0				
7	0.9	1.1	1.4							
4, 2			1.0	1.2	1.3					
3, 2			1.0	1.1	1.1					

庄家明牌点数

软点加倍

你的点数	2	3	4	5	6	7
A, 9	1.3	1.3	1.5	1.6	1.6	
A, 8	1.4	1.7	1.8	2.0	2.0	
A, 7	2.0	2.2	3.3	3.8	3.5	
A, 6	2.1	2.5	3.2	4.8	4.8	1.1
A, 5	1.6	1.9	2.5	3.1	4.0	
A, 4	1.6	1.9	2.4	3.0	3.2	
A, 3	1.5	1.8	2.3	2.9	3.0	
A, 2	1.5	1.7	2.1	2.6	2.7	

庄家明牌点数

停止数字

你的点数	2	3	4	5	6	7	8	9	10	A
19										2.2②
18										2.2①
17										3.1①
										3.1
16	3.9	4.5	5.3	6.5	4.6		1.2	1.7	2.2	1.4
15	3.2	3.6	4.1	4.8	4.3			1.4	1.9	1.3
14	2.7	2.9	3.3	3.7	3.4			1.1	1.6	1.2
13	2.3	2.5	2.6	3.0	2.7				1.3	1.1
12	2.0	2.1	2.2	2.4	2.3				1.1	1.0

庄家明牌点数

软点停止点数（斜纹）　硬点停止点数（实色）

① 这些数字要用相反的方式解读。例如，庄家明牌点数为 10，你的点数为 (8,8)，当比率超过 1.6 的时候分牌，反之点数则不分牌。

② 庄家明牌为 6，你的点数为 (4,4)，当比率小于或等于 2.1 时，你就不允许加倍就分牌。

③ 庄家明牌是 A，当比率高于 2.2 的时候，软点停止点数是 19；当比率低于或等于 2.2 的时候，软点停止点数是 18。庄家明牌是 A，当比率高于 3.1 的时候，硬点停止点数是 18；当比率低于或等于 3.1 的时候，硬点停止点数是 17。

表8-4　一个计10策略的初步近似策略

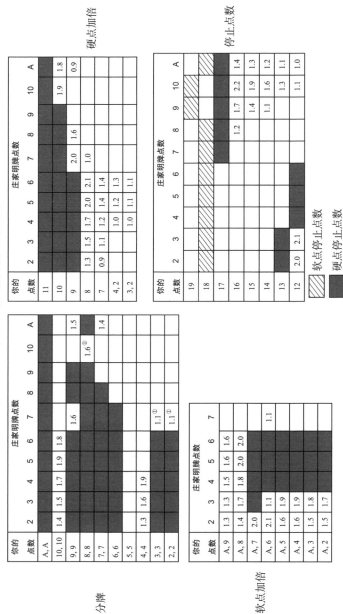

软点停止点数
硬点停止点数

注：计10策略用于10点牌富裕时下大额赌注的情况，而基本策略作为一个近似正确的数字要用于10点牌稀缺时下小额赌注的情况。

① 这些数字要用于相反的方式解读。例如，庄家明牌点数为10，你的点数超过1.6的时候分牌，反之则不分牌。

参看表 8-3，读取最小停止要牌点数的方法如下所述。除了庄家明牌是 A 的情况以外，软点停止要牌点数与基本策略一致。在那种情况下（庄家明牌是 A），比率为 2.2 或以下时，停止要牌点数是 18；比率高于 2.2 时，停止要牌点数是 19。庄家明牌是 A 时，如果比率小于或者等于 3.1（但是大于 1.4），与往常一样，硬点停止要牌点数是 17。如果比率大于 3.1，停止要牌点数是 18。在明牌为 2 ～ 10 点，以及明牌是 A 而比率小于或等于 1.4 时，图表的解读方式如下：对于一个给定的比率，所有大于或等于这个点数的方块被认为是阴影的，最小数值的阴影方块就是正确的停止要牌点数。要不然，你可以把数值大于或等于当前比率的方块作为目标，一直要牌，直到你的点数大于或等于方块代表的点数为止。例如，如果庄家的明牌是 4，停止要牌点数是：当比率小于或等于 12 点时，12 点；当比率大于 2.2 但小于或等于 2.6 时，13 点；当比率大于 2.6 但小于或等于 3.3 时，14 点。

注意，庄家明牌为 2 ～ 6 点，在比率降到 2.0，也就是我们在这时要开始增加赌注的时候，硬点停止要牌点数都降到了 12。你可能记得在计 5 策略中，庄家明牌是 2 ～ 6 点时，硬点停止要牌点数也是 12。当比率上升，说明 10 点牌偏少，硬点停止要牌点数要相应增加。当比率大于

3.9，庄家明牌是 2 时，或者当比率大于 5.0，庄家明牌是 3 时，硬点停止要牌点数上升到 17 点。

需要纳入你计划的策略中的最重要组成部分是停止要牌点数图表，这给了你最多的理论优势。但是，如果你还希望纳入其他组成部分，其重要性顺序和基本策略中的一样：先学习硬点加倍，然后分牌，最后是软点加倍。

完全记住表 8-3 似乎工作量太大。当我刚开始用计 10 策略在赌场玩时，我只记住表 8-3 中大概的停止要牌和加倍部分。对于软点数，我记住的更少。我一直用基本策略在玩，直到比率降到 1.4，然后面对庄家的 2 ～ 6 点，我对所有软 13 ～ 20 点加倍。一次又一次，荷官都对我在软 20 点加倍后拿到一个不怎么样的点数报以微笑。但是，当他们最后爆掉以后，微笑消失了。

玩家使用实时计点有时能在终局中获得可观的回报，因为玩家可以估算出庄家的底牌。我曾经玩过这样一手牌，其造成的区别有 250 美元。当时，我下注 125 美元。我瞥了一眼其他玩家的底牌，轮到我时（我是最后一个），我知道只剩下两张牌，都是 10 点牌。庄家的底牌是 10 点，剩下的另一张也是 10 点。如果我要牌，庄家就会看到牌发完了，按规矩要拿回这张牌洗牌。庄家明牌是 10 点，所以他是 20 点，我是硬 18 点；如果我什么都不做，我就输定了。

我要了一张牌。就像预料的那样，只剩一张牌，所以庄家把这张牌拿回来洗牌。然后我又要了一张牌，看到这张牌时，我差点从椅子上掉了下来。是一张 3，我 21 点赢了。当庄家拿起我的底牌，被我在硬 18 点时还要牌惊呆了。我只能解释说我算错了，加成了 15 点，勉强掩饰过去。半小时以后，同样的事情又发生了，不同的是：我是硬 19 点，对手是明显的 20 点，我没敢再来一次，试图要一张 A（打平）或者 2（赢）。

当桌上还有其他玩家，而轮到你时，有些他们的底牌你没能看见，也是可以盈利的，尤其是在终局下了大赌注时。例如，假设看到庄家的明牌与你的底牌后计点结果为（9，6），你是四个玩家中的第四个，前面三个玩家毫不犹豫地选择了停止要牌，那么，这个情况很可能是他们都有一或两张 10 点牌。估算他们的底牌是四张 10 点、两张非 10 点，真实的计点结果可能是（7，2）。因此，如果庄家的明牌是 A，而你拿到的是硬 14，15 或者 16 点，你应该继续要牌，而不是停止。在这种情况下，甚至拿硬 17 点，你都应该考虑要牌。

学习策略表

在本书的写作过程中，我把这套系统教给了几个兴趣与背景不同的人。一个目的是看看计点方法和本章中（第

1版中关键的也是最难的章节）的图表，能否被轻松地掌握。不出意外，所有人在第一次看到表 8-3 和表 8-4 并被告知需要计牌时，都很失落。但是，几乎所有人都被其实际掌握的速度惊住了。经过几个小时的训练环节，由其他人发牌，他们通常就足以掌握基本策略。再加上 2 个小时的训练环节，他们就可以掌握简化的计 5 策略。到了这时，几乎所有人都会对等待很少出现的有利局势（5 点很少）失去耐心。再加上 2 ~ 5 个小时的训练环节，以及一些计点的训练，通常足够让人掌握计算 10 点牌与非 10 点牌的方法，并且在使用基本策略的同时相应地调整下注额（见表 8-2）。剩下的问题是如何记忆这些表，我们演示一个经实践检验过的方法。

第一步是学会表 8-3 中你一定要下大注的部分，即比率为 2.25 或更小的部分（有利的局势）。这些信息在表 8-4 中给出，是表 8-3 的一个近似。在表 8-3 中，下大注的时候用精确的计 10 策略，平时用基本策略。你可以把表 8-4 当作基本策略加上一些修正。

学习表 8-4 需要分阶段。

首先，也是最重要的，要学习停止要牌点数表。像书中的大部分表一样，把它看成图案更容易记住、学会。比如，对庄家明牌 9 点，方块中的比率变化是 3/10。对庄家明牌 10 点，变化不是很规律，分别是 0.2，0.3，0.3，0.4。

但是注意，如果比率下降到 2.2 以下，停止要牌点数从 17
降到 16。10 点比例的稍稍变化就足以改变停止要牌点数。
在附录中，我们会看到在基本策略下，如果手里的牌是 3
张或者更多，对庄家明牌 10 点的停止要牌点数通常是 16，
否则是 17。

接下来最重要的是硬点数加倍表。

只有几个分牌的方块需要学习。但是，对两张 10 的分
牌是很重要的。玩家一般每 11 手牌拿到一对 10。当比率
下降时，这个概率还要更高。注意，对一对 10 分牌（一对
4 分牌也是），只有在庄家明牌是 2～6 点时才有利。再说
一次，庄家明牌 6 点和 7 点之间有一个明显的分界线。

软点数加倍表是最不重要的。如果你想，可以忽略它
或者学一个大概。

当表 8-4 中的大部分（或者全部）你都已经学会时，下
一阶段就是：对庄家明牌 2～6 点，而比率比较高时的硬
点停止要牌点数有大概的了解。你可能已经慢慢"领会"
这些情况下的策略了。

对于表 8-3 中的其他部分进一步钻研是专家要做的事情。

利润率

讲到这里，读者可能会好奇计 10 策略是否会比计 5 策

略赢得更快，值得付出额外的学习和练习。表 8-5 列出了
计 10 策略的胜率。这些胜率是用电脑模拟 10 万手牌得出
的，实际玩牌时还会更高一点。

表 8-5   计 10 策略中有利局面的出现频率[①]

| 比率 | | 发过的牌的数量 | | | | | | | | | |
从	至	5	10	15	20	25	30	35	40	45	平均
	0.5								0.4	2.3	0.3
0.5	1.0					0.1	1.2	1.9	9.7	9.8	2.5
1.0	1.1					0.5					0.1
1.1	1.2				0.1		3.7	5.6			1.0
1.2	1.3				0.8						0.1
1.3	1.4			0.1		2.0			17.6	24.7	4.9
1.4	1.5			1.3	4.0		9.8	13.3			3.2
1.5	1.6					6.9					0.8
1.6	1.7		1.6	6.3	10.6						2.1
1.7	1.8		9.5			14.5	18.1				4.7
1.8	1.9			15.6				21.8			4.2
1.9	2.0	14.6	23.2		19.4				26.6		9.3
2.0	2.1			24.4		21.7					5.1
2.1	2.2	36.0			24.2		23.6				9.3
2.2	2.3		29.5								3.3
2.3		49.3	36.3	52.3	40.9	54.3	43.6	57.3	45.7	63.2	49.2

① 该表是由计算机模拟对一副牌进行 10 万次洗牌和发牌后得到的，其结果
跟期望的数值十分接近。数值都被四舍五入到 0.1%。空的条目表示 0。
有些列的总和由于四舍五入的原因并不等于 100%。

一副牌接近用完的时候对玩家是极其有利的。然而，许多赌场在剩
下些许牌的时候就会洗牌。因此表中并没有包括剩下最后 6 张或以下牌
的情况。

对表 8-5 的解读如下。如果从一副充分洗牌（玩家
清点过）后的牌堆里面发了 25 手牌，玩家会发现比率降

到 1.0 或以下的概率小于 0.1%。比率小于或等于 1.7，但是大于 1.6 的情况，不会出现。比率小于或等于 1.8，但是大于 1.7 的概率是 14.5%。比率小于或等于 1.8 的概率是 24%。（最后这个数字是把 25 张牌对应的几种情况的值都加起来，还包括比率在 1.7 ～ 1.8 之间的值，也就是 0.1+0.5+2.0+6.9+14.5=24.0。）

从表 8-5 中得出玩家用计 10 策略在 1/3 的时间里有 1% 或者更多（例如，比率在 2.0 或者以下）的优势。在 1/3 的时间里，玩家和庄家交替有 1% 的优势。在另外 1/3 的时间里，庄家有 1% 或者更多的优势。

当桌上的玩家超过一人，计 10 策略丧失一定的效率，但不像计 5 策略失效得那么严重。

研究显示，一套有体系的下注，可以有效地防止损失全部赌本，同时保持较大的盈利空间，方法是：根据你有几个百分点的优势，下相应百分比的初始赌本的赌注。例如，200 美元的赌本，优势是 3%，那么就下注 6 美元；有 10% 的优势，下注 20 美元；有 1% 的优势，下注 2 美元；优势更小的情况下，就下最小限额赌注 1 美元。

在第 5 章中讲到实测这套系统时，使用了修正后的比例下注法：优势小于 1% 时，下 1 个单位的赌注；优势为 1% 时，下 2 个单位的赌注；优势为 2% 时，下 4 个单位的赌注；以此类推，直到优势为 5% 或以上时，下 10 个单位的赌注。当超过 5% 的优势，统一下 10 倍赌注是怕引起赌场的紧张。事实上，在某些赌场，这样的预防措施还不够。

当前的时代，我们的方法在赌场中被成功地广泛应用，下注范围应该限定在 1 ～ 5 倍，或者 1 ～ 3 倍，甚至维持不变！

前面讨论的比例下注法还有一个变种，其在数学上更优越，但需要增加一些额外的脑力劳动。这个方法是根据当前总资产的相应比例下注。例如，假设玩家从 200 美元开始玩，在 10% 的优势时他下注 20 美元。如果后来他赢到了 300 美元，在 10% 的优势下，他就下 30 美元。

我们提到的任何阶段的下注额都不需要完全精确。即使下注额偏离我们的建议值不少，结果变化也不会太大。

把 A 纳入计点

如果你根据 A 牌的多寡来调整下注，绩效还能进一步提升。当所有的 A 都出完以后，从你估算的优势值中减去 4%。当牌中 A 的比例比通常多一倍时，在你估算的优势值上加 4%。

　　我们用两个极端的例子来说明 A 是如何影响你的优势的。假设未发的牌里只剩下 A 与 10 点牌。（我曾经见过剩下的 8 张牌全部是 A 和 10 点牌。）你应该下多大的注呢？如果可能的话，下你全部资产的一半，剩下的另一半用来分牌或者买保险。如果庄家明牌是 A，你可以买保险，让他即使是天成，也赢不了你。

　　如果你的保险没生效，那庄家只能是一对 A，他必须继续要牌然后爆掉，因此你的主赌注就赢了。如果庄家明牌是 10，他可能底牌是 A，也就是拿着天成。一种可能的情况是你也拿着天成，因此游戏打平。在剩下的情况下，你就输了，但这是你唯一会输的情况。如果庄家没有天成，他的底牌就是 10 点，那么你的牌如果是（A，10），你就赢了；如果是（10，10），你可以选择平局离场，或者如果还有 A 剩下的话，你还可以分牌，有机会赢。如果拿到（A，A），你就分牌，只要还有牌剩下就赢定了。如果这时牌全部耗光，（A，A）分牌对庄家的（10，10），平均来看你也不会输太多。

　　从前面的讨论看，只有在 A 和 10 点时，玩家的优势很大。详细的数学分析会证实这一点。

　　等到你熟练掌握计 10 策略以后，你就可以开始计算 A。当牌中 A 偏多时，适当增加下注额。另外，当 A 偏少

（A 稀缺）时，降低下注额。

当你计 10 并计 A 时，要比往常更为小心，避免赌场知道你在计牌。赌场新人 J（朱尼亚）的故事告诉我们不应该做什么。他计算 10 与 A，并且下注很猛。过了一段时间，他下了最大注（对他本人来讲）200 美元，因为他计点的结果显示出现了很有利的局势。他拿到了一对 10 点，还有一张 A 没出现，而庄家明牌是 10 点，但不是天成。

赌场新人 J 已经看到了曝光牌，不是 A，因为只剩下一张 A 了，牌堆里只有一张牌，必然是剩下的 A。而且，这家赌场那时候的规则是发完最后一张牌（惯例做法是收回最后一张牌不发，和用过的牌一起洗）。在现在的情形下，知道自己会拿到最后一张牌，还是 A，换作是你，会怎么做？继续要牌？对 10 分牌？

赌场新人 J 选择了在他初始 200 美元赌注的前提下加倍，荷官怀着同情试图向这个"愚蠢的败家子"解释你肯定是想分牌吧。他们的争论一直持续到把监赌人叫过来处理纠纷。现在荷官和监赌人都恳求他，试图让他"拯救自己"。这时候，其他的职员与旁观者也聚拢过来。最后，赌场新人 J 被长时间的争论彻底激怒了，大嚷道："快点把你的 A 发给我！"牌发出来了，果然是 A。惊奇的监赌人赔付了 400 美元，然后立刻把我们的英雄赶出了大门。当然，他从此再也别想进这间赌场了。

A 的作用可以相当精确地被纳入考量。方法是根据 A 的多少对当前根据 10 点计算的比例进行一个调整。例如，还剩下 26 张牌，全部的 4 张 A 都在里面，平均 A 的数量应该是 2，平均数值可以用（26/52）×4 计算出来。因此，在这种情况下，A 的数量比平均值大一倍，你要在估计的优势上加 4 个百分点。通用的调整优势值的公式是：$[13A/N-1] \times 4$，这里 A 是未见 A 的数量，N 是未见牌的数量。一个负的数字说明牌中的 A 偏少，玩家的优势需要减去（可能甚至一起估计）负的调整值。

在应用计 10 策略的时候很难应付这些额外的计算。我建议读者在同时计 10 与计 A 时，仅仅"向指示的方向倾斜"，而不用进行精确的计算。

正确的终局玩法带来的可观收益

几年前，现在是富有传奇色彩的人物，有时被描述成"南加州深色头发的小个子"（我们特意不提他的名字），在里诺去了一家大型的著名赌场。据说，他想下大赌注（赌场的上限，可以的话甚至更高），然后因为有些税收上的问题，他希望这是一个不公开的赌局。他用心设计了一些不违反21点游戏核心精神的激励规则。作为一个"持续赢五位数的人"，他积累了可观的资本，可以说服赌场：他会坚持这些条件。赌场觉得这些规则对自己有利，就欣然接受了。

尽管我不清楚这些提议的细节，但是做一个合理的推测并不难。从我得到的小道消息来看，很可能终局玩法（稍后说明）是其中的重要组成部分。如果是这样，赌局的条件应该像这样：应用赌场通常的规则，要牌、停止要牌、加倍、分牌与保险是必然的。另外，在每手牌之间，玩家应该可以调整同时玩几手牌以及下注的金额大小。另外，赌场要在发完最后一张牌以后才洗牌。第一眼看过去，这些条件好像没有什么害处。但是在看赌场中实际发生的事情之前，让我们仔细地研究一下在这种条件下的玩法。

首先，想象一下，还剩下7张牌要玩，都是A与10点。如果你决定刚好玩3张牌会发生什么？你会拿到3手牌，组成是（A，A），（A，10），（10，10）三者之一，而庄家只拿到一张10或A，由于牌发完了，他必须洗牌后再拿到下一张牌。你现在有3手非常强大的牌，而庄家必须要在缺少10和A的牌里发下一张牌。通常来说，你的三手牌都能赢，此时的优势是10%～100%，钱会把你砸晕！

　　还有一个变种。假设剩下 5 张牌，大部分是 A 和 10 点，你决定要玩 5 手牌，那你就把这 5 张牌都拿到了，庄家一张都没有，他必须洗牌以后才拿到他的第一张牌。如果你拿到的第一张牌是 10 点，你获得的优势是 15% ～ 20%；是 A 的话，优势有 35% ～ 40%。

　　如果情况是最后这些牌里的 A 和 10 点很少，同样对你是有利的。假设有 12 张剩下，玩 5 手牌，每手下很小的注。全部 12 张牌都用完了，需要重新洗牌。因为少了 12 张小牌，洗过的牌的比率会是 24/16 或者说 1.5。尽管后面会有点波动，但是玩完这轮之前比率都会在 1.5 附近。通过 5 手牌把小牌留在桌上，玩家制造了一系列有利的局面。

　　我们现在回到赌场中发生的场景。据说深色头发的小个子连续玩了几个晚上，第一天他赢了 10 000 ～ 15 000 美元，接下来几天，他大致不赢不输。当赌场习惯了金额大进大出，并且尽管他们输钱但是开始进入僵持阶段以后，他又开始赢钱，每小时都大把赢钱。据说赢到 40 000 ～ 86 000 美元时，赌场"按捺不住"，终止了赌局。86 000 美元这个数字可能是真实的，但是也有不同的说法，可能是因为赌局只有 4 个见证人——玩家和 3 个赌场的人。他要求不公开玩的提议很有效，接下来的两年里，深色头发的小个子向内华达州的其他赌场提议进行了赌局。他最后被整个州的赌场都禁止了，而这时他已经赢了超过 25 万美元。

当然，现在几乎所有内华达州的赌场都已经禁止了终局玩法，这个方法几乎失效了。很多赌场都被吓住了，不再开设私下的赌局。但是要记住，几位第 1 版的机警的读者在波多黎各的赌场里得到了回报。

第 9 章

化解赌场的反制措施

赌场有各种各样的反制措施对付玩家，我们没办法讨论全部内容。另外，就像玩家的资讯越来越丰富一样，赌场也同样可以不断根据新的情况改变他们的应对方式。对主要的赌场反制措施进行讨论，应该能让玩家足以应付新的伎俩。⊖

洗牌

在写作第 1 版的时候，我曾经有个错觉就是赌场频繁地洗牌可以阻止系统玩家。让我们考虑一个极端的例子，用一副牌来玩，每玩一手牌就重新洗牌。假设桌上只有一个玩家，一次只玩一手牌。你能做得最好的事情，看起来也只有使用基本策略。按照第 2 章描述的典型规则，你大概有 0.13% 的优势。从实践的角度讲，赌局是公平的。

现在假设你玩六手牌，赌桌上只有你。在玩第一手牌时（如果牌面是朝下发牌的），你只看到自己的底牌和庄家的明牌，这个条件和之前是一样的。但是当你玩第二手牌

⊖ 一本与赌场反制措施有关的有意思的书籍是《内华达博彩内幕：一个制胜系统玩家的奇遇》，作者是格伦 L. 弗雷坎（Glenn L. Fraikin）。它讲述了弗雷坎是如何被拒之门外、骚扰、强制退出以及羞辱的。如果你小心谨慎，可以避免这些问题。

时，你已经看过了第一手的牌。如果你应用完全计点策略或是计 10 策略，你这一手牌可以玩得比只用基本策略要好一点。通常来讲，你的优势会增加。平均来讲，你赢的概率会比 0.13% 要多。

到第三手牌的时候情况就更好了，等到第六手牌的时候，就是真的很好了。你现在已经看到了至少 13 张牌，也可能是 18 或者 20 张牌。如果你在之前还进行过分牌的操作，这个数字还要更大。你的平均优势，因为采用了更有效的策略，已经提升到大约 1%。这已经和赌场百家乐的优势差不多了。你可以在每次的第六手牌下重注。事实上，你可以在第一手牌下最小的注，第二手牌大一点，以此类推，最大的赌注留在最后一手下。

在一个人比较多的桌子上坐在最后一个位子上，你可以一直下大注因为通常你可以看到大部分在你之前玩的这些玩家的牌。在波多黎各和内华达的一些赌场，牌是面朝上发的。这样你在任何座位上都至少可以看到玩家的底牌，这给你增加了至少 0.5% 的优势。

在面朝下发牌的赌场，轮到你玩牌之前可能不大容易看到大部分牌。事实上，有些赌场现在使用一些托儿让他们把牌藏起来。荷官把托儿的牌收进来，不让别人看。你可以和朋友占满一桌（他们可以用基本策略玩，打

个平手，纯属娱乐），从而不让托儿加入，确保能看见所有
的牌。

计牌的荷官

当《击败庄家》成为国内畅销书，数十万人读过以后，
有些赌场开始让员工读这本书，部分荷官学习计牌。这有
两方面的意义：首先，荷官可以鉴别计牌的玩家（更多的
在稍后叙述）。其次，荷官可以在点数好时洗牌，点数不好
时继续发牌。

假设一个荷官这么做，你该怎么办？我找到的唯一解
决办法，除了另找一桌，就是坐在最后一个位子上。在第
一次发牌时就下重注，希望利用你的 1% 的优势赢，后面
下小一点的注。如果你赢到了钱（胜算偏向于你，但又不
是很极端），你的荷官可能会放弃他的战术。

当牌型有利时出击

我们刚看到了荷官可能在牌好时重新洗牌，牌不好时
继续发牌，你也可以做类似的事情。假设你准备进入一个

赌局，先停一下，别坐下，先计点。记得先拿好筹码，等到点数变好了，拉开一张凳子就下大注。在这种方法下，你总是从有利的局面开始，等到点数有利再出击。

通过酒店赌场区域时，这个方式可以帮你赚点零花钱。荷官通常不会为了你重现洗牌，因为他不知道你的第一个注就是"大"注。

惩罚伪装计牌

许多荷官会在你增加赌注后重新洗牌。一部分荷官是合格的计牌者，知道牌什么时候对玩家"有利"，但是大部分荷官不是，他们洗牌仅仅是为了对付系统玩家的保险措施。我接触过的相当大部分荷官都是伪装计牌的高手，就是说，他们假装（既对玩家，也对监赌人）自己在计算 10点和非 10 点。当一个大注来了，他们就洗牌，但实际上他们根本不知道点数是多少。

当你发现一个伪装计牌的，就留下来，这些人就是"提款机"。你应该这么做，开始时下大注（3～5 倍），等到牌变差了，加注，等他洗牌以后，把多下的注拿回来。如果牌是中性的或者慢慢变好，则维持赌注不变。结果就是荷官把差牌洗掉，你总能玩到平均水平或者占有优势的牌局，你就有一个持续的优势，大概率会赢。

多副牌

用 2 副牌或者 4 副牌的 21 点游戏持续增加。有些赌场相信，采用多副牌会增加计点的难度。你会发现需要多做一点工作，但是如果你能够轻松应对一副牌，现在也不会太麻烦。

对于 2 副牌或者 4 副牌，最明显的不利之处是高低索引或者 10 点比率的分布区间不是太大。2 副牌，比率少 0.4%；4 副牌，比率少 0.5%。而且，（当前牌）[⊖]与通常牌型组合的偏离度比较小。因此，有利的局势会更少，即使是玩家占优，优势也更小。如果在用 2 副牌或 4 副牌时，每玩一手都重新洗牌，那么，即使坐在第六个位置上也无济于事。赌场不会这么做，赌局会慢如蜗牛，无聊的玩家会不断散去。[⊜]

对于在确定牌型有利时才出击的玩家，玩多副牌有很大的优势。当 2 副牌或者 4 副牌变好后，它们能持续很长

⊖ 为了便于读者理解，括号中内容为译者添加。——译者注

⊜ 目前，由于采用了自动洗牌机，每手牌或者两手牌以后洗牌，已经成为常态。——译者注

时间。所以当你看到形势占优时坐下来下大赌注时，会有好一阵子牌型都不错。这可以在一定程度上帮助你伪装自己的行为。

改变规则

在 1964 年 4 月 1 日，博彩界被深深震动了。拉斯维加斯度假酒店协会宣布 21 点的规则变更[34]，这是历史上第一次主流的赌博游戏进行大幅度的规则调整。规则的变更主要是为了应对《击败庄家》第 1 版中引入的制胜系统（主要是计 10 系统）。协会发言人加百利·弗戈利亚蒂（Gabried Vogliatti）这样说："过去的 15 年来从未有一架飞机不是由至少一个掌握系统的人操作才能降落的。这个家伙（索普）是拉斯维加斯历史上第一个掌握一套可行系统的人。"

规则变更为：禁止对 A 进行分牌，只允许在硬 11 点时加倍。就像你在表 9-1 中看到的那样，这样使得应用基本策略的玩家的优势降低约 1 个百分点。在玩家占优的时候，降低的程度要大一点；在玩家不利的时候，降低的程度小一点。这样，本来是玩家占优 10% 的局势就变成占优 9% 不到的局面。很明显，计点或者计 10 系统仍然能够找到有利的局面，但是有利的局势会减少，优势也会降低。

表 9-1　（暂时的）拉斯维加斯规则变更的效果

	旧规则下的基本策略	新的拉斯维加斯规则下的基本策略
玩家的总体优势[2]	0.0013	−0.0089
A[1]	−0.0847	−0.0853
A[2]	−0.3603	−0.3607
2	0.1011	0.0888
3	0.1376	0.1219
4	0.1844	0.1626
5	0.2369	0.2073
6	0.2425	0.2121
7	0.1464	0.1374
8	0.0547	0.0490
9	−0.0437	−0.0471
10[2]	−0.1706	−0.1717
10[1]	−0.1032	−0.1044

其中"庄家明牌相应的玩家优势"一栏涵盖 A[1] 至 10[1] 各行。

① 排除庄家天成的可能性。
② 包括庄家天成的可能性。

　　规则的改变如何影响系统玩家？好的玩家在规则改变的第二天就找到了正确的方向，并持续盈利。确实，盈利的速率降低了，但是，这不足以让赌场欢欣鼓舞。

　　在采用不友好规则的赌场，下注的规模要向下调整，可能最简单的方法就是把所有的大注减少一个单位。另外，如果你使用未经修正的计点系统，可以在初始计点结果的基础上，每用一副牌，减去一个点。例如，在使用两副牌的规则不友好的赌局中（比如在波多黎各和内华达的部分赌场），初始的计点结果设为 −2，而不是 0，然后，像以前一样玩。

赌场的运营者最多读到了第 5 章（计 10 系统），而没有读到第 8 章（规则的变种），这里面讲到了如何应付他们的反制措施。另外，我在两年前写第 1 版的时候就曾经预测过这些规则的变化，只是变化不会太有效果。但是，赌场还没读到这么深入，两三周后，就又回归到了旧的规则。麻烦在哪里？一个名叫裘德·万尼斯基（Jude Wanniski）的敏锐的青年记者在《国家观察者》（*National Observer*）上的一篇署名文章中解释得很清楚：

> 到了晚上，拉斯维加斯的 21 点赌桌上的生意明显下滑。事实上，所有赌桌上的人都减少了，因为进入赌场的人流正在消失中。赌场员工的收入很大程度上依靠小费，他们开始抱怨新的 21 点规则是对整个行业的毒药。
>
> 赌场一个接着一个地悄悄取消了新规则。上周，拉斯维加斯的赌场老板们认输了。他们承认即使需要忍受系统玩家，也宁可选择恢复原来那样的生意规模。

规则的变种

鉴于内华达曾经尝试过变更规则，全球也有相当多的

21 点游戏的变种，读者需要准备好评估第 2 章描述的每项
典型规则的偏离带来的影响。你可以查询表 9-2。以执行
基本策略获得的 0.12% 的优势为基础，增加或减去每种规
则变种带来的影响数值，最终的结果就是玩家占优（如果
为正），或者赌场占优（如果为负）。

表 9-2　基本策略下规则的一般变种给玩家优势带来的大致效果

规则的变种	玩家的损失或收益（%）
禁止在以下点数加倍	
硬 11 点	−0.89
硬 10 点	−0.56
硬 9 点	−0.14
硬 8 点	−0.00
所有软点数	−0.14
分牌后的所有点数	−0.13
在任意三张牌的时候允许加倍	0.19[①]
任意数量的牌都允许加倍	0.20[①]
4 副牌	−0.51
2 副牌	−0.35
庄家在软 17 点时继续要牌	−0.20
庄家的明牌为 A 的时候只要牌至软 17 点	−0.23
庄家继续要牌至软 17 点以上是可选的	−（0.23+）
进一步分牌	
所有的对，1 副牌	0.053
所有的对，2 副牌	0.08
所有的对，4 副牌	0.11（估算）
除了 A 之外的所有的对，两副牌	0.04
所有的对，1 副牌，A 分牌后不限制要牌	0.037
所有的对，2 副牌，A 分牌后不限制要牌	0.06
并且只允许在硬 11 点加倍	0.05
除了 A 之外的所有的对	0.024

（续）

规则的变种	玩家的损失或收益（%）
A 分牌后不限制要牌次数	0.14
A 不允许分牌	−0.16
A 不允许分牌并且软 12 点不允许加倍	−0.16
禁止分牌	−0.46
2：1 的天成赔付	2.32
波多黎各的规则，1 副牌	−0.71
2 副牌	−1.04
投降（马尼拉）	0.15（估算）

① 该表参考了参考文献[2, 3]。从附录的表中可以计算出更精确的结果。

　　我们在书中各处谈到了英格兰、波多黎各和内华达的变种。有一个特别的远东地区的规则没有被提及，叫作"投降"。

　　在远东地区，特别是在马尼拉，其规则与第 2 章介绍的一致，只允许在两张牌构成的 11 点时加倍。但是玩家还有一个选项，叫作投降。除非庄家明牌是 A，否则在任何时候，玩家都可以选择投降，只输一半的下注额。布劳恩估计最好的玩家可以据此获得 0.15% 的优势，这比禁止加倍而失去的 0.8% 的优势还多。⊖

掩饰

　　赌场已经很痛苦地知晓，数以千计的基本策略玩家不

───────────

⊖　此处作者有笔误。——译者注

输钱。更糟的是，数以百计的计 10 点高手还要赢钱离开。这些高手们面临一个问题。当他们被赌场认出来以后，就会遇到频繁洗牌，或者荷官遮盖牌。有些时候，他们被谢绝参加赌局（被要求离开赌场），或者遇到严重的作弊（有时甚至不加掩饰）。

很明显，如果你想静静地玩好 21 点游戏，你必须要掩饰自己的行为。首先，不要每次在开始用新牌时都下小注。使用一副牌并采用典型规则的情况下（拥有一点点优势），有差不多一半的机会，我在开始时就下大注并能获得好结果。当然，如果你瞥到了底牌或是翻开的牌，你可以选择更合适的时机。荷官会想："如果他在一副牌开始时就下大注，洗牌就是浪费时间。"

如果赌场有两个或者多个荷官而且规则不友好，你就应该减少一开始就下大注的概率。

你下注的大小也很重要。我曾经遇到过一个荷官，他觉得下 5 美元或者 25 美元的注是正常的，但是根据不同的情况选择 5 美元、10 美元、15 美元、20 美元、25 美元就是不正常的。所以我在局势偏好的情况下 25 美元，否则下 5 美元。在波多黎各，我在局势不好时下 1 美元，局势有利时下 50 美元，因为他们根本不管！你必须了解在你面临的环境下如何做是最佳的。当你开始探索时，1 到 5 的比例甚至 1 到 3 的比例是一个良好的开始，1 到 2 的比例也是可以接受的。面对一副牌和典型规则，如果你坐在一整桌的第 5 个或者第 6 个座位，并能看到你前面的所有牌，1到 1 的比例都是可以接受的。（所有赌注都一样大小！）

伪装

因为高强度的公众曝光，到后来，我几乎不可能参加一个正常的赌局。万不得已，我在夏天蓄起了胡须，练习适应隐形眼镜。然后，我在拉斯维加斯、里诺和塔霍湖住了四天。一开始，我留着全部的胡须，将平常戴的眼镜换成了隐形眼镜加上太阳镜。当我在拉斯维加斯赢了两天以后，长胡须的玩家就开始接受最不友好的待遇。我和两名同伴去了里诺和塔霍湖。我们走入一家塔霍湖北岸拥挤的赌场（以跟黑道相关而知名）。21 点赌桌上没有空位，一位赌场老板发现了长胡须的"幽灵"，他很惊讶。他叫来了一个荷官，开了一张赌桌，我坐下，然后两位猛男一屁股坐在了我左右两边。

我的同伴（我从不在内华达单独旅行）想着我要被扔出赌场了。

两位猛男、荷官还有我鸦雀无声地玩了 10 分钟左右。

当我完全确认荷官在出老千以后，就离开了。两个猛男也迅速离开，荷官收起桌子离开，等待处理下一个问题。一分钟以后，一切恢复如常。成群的兴高采烈的游客继续玩乐，没有人注意到之前上演的一幕戏剧。

看起来，长胡须的玩家都被特别对待。但是我花了四个星期才蓄起胡须，所以决定再用一次。我们来到了里诺。

大概凌晨 3 点，我开始在里诺市中心的一家俱乐部玩（距离塔霍湖大概 50 ～ 60 英里）。这家俱乐部以其公平的规则并且发到最后一张牌而知名。每次来到里诺，我总能从这个俱乐部赢上几百美元。这家俱乐部的老板好像跟其他几家不是一个圈子的。特别地，我想他们还没有听说过长胡须的威胁。

我的桌子坐满了人，没有机会使用终局玩法。根据以前的经验，我知道这家赌场也不再允许这样玩。我开始玩，下 5 ～ 25 美元，25 美元是这里的最大赌注额，也是我感觉到能够被容忍的最大变化幅度。我持续盈利，赌场不断地送给我高度数的酒精饮料。我给赌场人员的印象是粗心、微醉、水平较差。"5 点就加倍——荒谬，还真赢了。除了运气，还能说啥？但是好运气总会用完，绝对的。"

但是牌一直不错，我本来期望一个小时赢上 25 ～ 75美元，结果赢了 300 美元。赌场的人轮番上阵。他们仔

细观察我，观察我的玩法，观察我的脸。1 小时后他们都
盯着我看，他们受够了。一个不友好的深色皮肤的监赌人
（我第一次在里诺这家赌场玩了 8 小时，这个人见我玩过；
参见第 5 章）过来当荷官，她笑得很高兴。她发了第一手
牌：给自己发了个天成。我察觉她发第二张牌（见第 10
章），于是起身离开，她哆哆地发声邀请我留下来继续玩。

　　之前的一个小时里，我只有一个荷官。（这家赌场的每
个荷官固定跟一张桌，但是第一个荷官不会出老千。）她是
年轻的金发女郎，寂寞，受感情困扰，在找寻一个男人。
当看到我的钱包里成沓的 100 美元钞票时，她变得超级热
情。她对即将上钩的鱼突然离开非常恼火。

　　这位金发女郎告诉我（我是一个帅哥）她讨厌胡子，
"如果把胡子刮掉，就完美了"。对于我的伪装，我可以利
用这个机会稍后做个完美的测试。

　　第二天晚上，我刮掉了乱糟糟的胡子，唯一的蛛丝马
迹是脸上有一部分看上去显得不同寻常的苍白。这次我没
有随便穿一套休闲服，而是换上了礼服。我摘下了太阳镜，
只戴隐形眼镜，我把发型也做了些改变。我准备开始测
试了。

　　我叫上同伴，他们没见过我不留胡子的样子。当他们
打开门的时候，没有认出我来。我不再像之前那个 45 岁的

打扮随便的男人，而像个 25 岁的留平头的高管，来到了夜晚的镇上。

接近凌晨 3 点的时候，我退出正在玩的赌局，来到金发女郎的桌子。桌上刚好有一个空位。我坐下来开始玩，从她脸上完全看不到有认出我的迹象。

我还是赌 5 ～ 25 美元，用之前就买好的筹码，还有些准备好的小额钞票。前一晚在我面前堆着的大筹码看来没有给荷官留下印象。我不说话，只是做手势（不是太出奇的特征）。女招待过来给我送饮料的时候，我小声说"牛奶"，荷官听不到我的声音。要了两次牛奶以后，女招待也不来打扰我了。

到此为止，我的伪装看起来很完美。但是，很快就有一个真正有分量的测试了。牌又变得不错，我开始像昨晚一样赢钱。然后，我发现左手边的玩家（我坐在第五个位置上，因为赌场通常认为系统玩家会坐在第六个位置上）是个老千！他下注的时候会小心地摆放筹码，然后查看他的底牌。如果他觉得自己的牌好，会偷着加几个筹码；如果他觉得牌不好，就偷着取走几个筹码。荷官不知道如何应对，赌场的人轮番来检查作弊行为。

赌场老板看他玩了几分钟，发现这个人真不会玩，即使通过作弊，也就刚刚打个平手。他们决定由着他去。

昨晚同一批人仔细观察了那个老千和我，没有人认出我来。但是一个小时以后，我又赢了 300 美元。他们的耐心消磨殆尽，像昨晚一样，作弊的荷官又出马了，我选择了离开。

伪装确实有效。虽然很麻烦，但是也可以很有趣。

自动 21 点（赌博）机器

赌场最有趣的反制手段之一是最近出现的采用自动（电子）赌博机器来取代荷官。这个机器已经在或者正在被若干家赌场使用。它的广告宣传册透露了相关细节（见章末）。

让我们来分析一下广告中介绍的这种机器。

第一要注意这种机器发一副牌，并且每手牌以后都洗牌，这离抵消计点带来的优势还远得很。我们的第一反应是坐在最后一个位置上，通过我们已经看到的牌来获取优势（如之前解释的那样）。但是由于只有四个座位，所以获取的优势要小一些，可能在 0.33% ～ 0.5% 之间。

下一件要注意的事情，是规则与典型规则之间的差异。首先，只能在硬的 10 点与 11 点加倍。其次，不允许分牌。这两样限制都增加了庄家的优势。根据表 9-2，禁止在硬 8 点与硬 9 点还有软点数加倍，加上之后的分牌，玩家损失

0.41% 的优势，不允许分牌玩家损失 0.47% 的优势。这样，本来基本策略给玩家带来 0.13% 的优势，减去 0.88%，变成赌场有 0.75% 的优势。

还要注意玩家坐在第 4 个位置上通常会有机会通过买保险获利，只要他能知道桌上其他三个人中至少一个人的底牌。（玩家至少需要看到一副完整牌之中的 5 张牌，才有可能把比率降到 2.00 以下，从而买保险获利。两个玩家的底牌加上庄家的明牌就够了。）但是这一点优势不能用上，因为不允许买保险。

还有一个规则的变更，即如果玩家拿到了天成，而庄家不是天成（广告上没有这么讲，但是推测起来是这个意思），那么玩家可以赢 2 倍注，而不是通常的 1.5 倍。很明显，这对玩家是利好。好多少呢？玩家拿到天成而庄家没有拿到的概率（一副牌的游戏）是 4.649%，但是在这种情况下玩家多赢了 50%，所以玩家对此规则的收益是 50%×4.649%，也就是 2.32%。所以，玩家通过基本策略获得的优势从 −0.75% 增加到 +1.57%。

这个小优势是玩每一手牌都有的，所以一个基本策略玩家可以稳定地赢。一个不好的地方是机器接受的最大赌注只有 8.75 美元。但是在每小时 100 手的情况下，玩家可以预期 8.75×100×1.57%，也就是每小时超过 13 美元！

本书展示的广告是作者在里诺和塔霍湖看到的。最新的从拉斯维加斯得来的消息是，他们对天成只赔付 1.5 倍，而且，他们还将赔付的赌注取整到最近的四分之一，这对玩家不利。举例来说，押注 25 美分，拿到天成，你还是只能拿到 25 美分，而不是 37.5 美分。押注 50 美分，你倒是可以在天成上拿到 75 美分。很明显在这个机器上，玩家应该只押注 50 美分的倍数。即使这样，玩家也有 0.75% 的劣势。

警告：机器会磨损出故障，而且，不道德的人也可能将机器设置成作弊工具。在我玩这种机器之前，我会先对 1000 手左右的牌计点，看每种牌的比例是否正确。我还会跟踪玩家玩 1000 手牌的收益如何。你最好仔细观察这些数据，而不是直接上去玩。

送报路线图技术

我被问到最多的问题是"策略已经公开，很多读者获得了成功，现在玩家是否还可以在内华达通过你的系统赢钱"和"最佳方法是什么"。是的，你还是可以在内华达赢钱，这里有一个有效的技术。在每次开始玩之前，从你的赌注中留出大概 5 次大注的金额——大概是 20 ～ 25 个

单位，一直玩到你赢了或者输了这么多钱。不要一次把这
20 ～ 25 个单位的钱都拿出来，而是用它按需购买筹码。
如果你已经玩了 1 个小时，无论如何先停下来。

这样做的意义在于：如果你玩的时间少于 1 个小时，
就不太容易吸引注意或者被记住。如果你在一轮中输掉了
20 ～ 25 个单位的钱，一个出老千的荷官也不会彻底击垮你。
如果你赢了不超过 20 ～ 25 个单位的钱，你也不太会被视为
一个威胁。"这小子这次运气好，下次我就能收拾他。"

记住你接触过的荷官，回头去找让你收成不错的那个
荷官，别再碰让你输掉 20 ～ 25 个单位的荷官。这样，你
就能避免被同一个荷官作弊骗两次。有时你只能正常地输，
从而放弃了一个诚实的荷官，这无法避免。

这个方法被简化成严格的纪律，可以根据你的情况酌
情调整。赌上一轮后，你就去下一家赌场。你在用这个方
法的时候，快速从一家赌场转到下一家，收钱，就好像送
报纸的邮递员一家一家送报的路线图。

自动 21 点（广告说明书）

"自动黑杰克"是在内华达州被制造的一款游

戏机。

"自动黑杰克"是电子化操作的，完全模拟

一副 52 张的纸牌，进行自动洗牌和发牌。牌局由投币发起，投币可以是一个或多个以 25 美分、50 美分或美元为面额的硬币，每种面额的硬币最多可投币五个。

牌局的顺序跟标准的"黑杰克"或"21 点"一致。

玩家可针对手牌和发牌点数选择"要牌或停止要牌"。点数以数字的形式马上显示。

"庄家"会不断地自动要牌直至 17 点或以上——在这个时候，玩家的点数会跟"庄家"的点数进行比较，并且根据比较结果和下注额大小进行自动赔付。如果玩家得到"天成"，他会获得下注额大小的双倍赔付，而不是通常的 1.5 倍赔付。

"自动黑杰克"是经内华达赌博委员会完全批准的。全部发牌是绝对不受控制并且以运气为基础的。

任何玩家在接收到两张或以上的牌之后，点数为 10 或 11，则可以选择"加倍"。只需要按黄色闪光灯的按钮，就能以同等面额增加你的赌注至原来下注额的双倍，按"要牌"按钮，你就会收到仅有的一张牌来补足你的手牌。

使用说明

- 投币以开始"游戏"。

- 当按钮亮灯时，按"要牌或停止要牌"按钮。（10 秒后自动停止要牌。）

- 庄家在 17 点或以上的时候停止要牌。（必须达到软 17 点。）

- A 可以算作 11 点或 1 点。

- "天成"赔付双倍，按"退币"按钮可以取回现金。

- 闪灯表示 10 点或 11 点——按按钮就会立刻增加押注，之后仅有一张牌会派到你手上。

- 数字形式的点数会取代牌的显示。

- 在游戏进行时拒绝任何投币。

祝你好运……

内华达电子公司

里诺，内华达

第 10 章

如何识别作弊

　　赌场的 21 点荷官通常纸牌都玩得很棒。在我认真研究 21 点之前，我和认识的人都相信即使荷官如此渴望作弊，他们也是不会作弊的。广为人知的论点是：赌场在这场游戏中占有天然的优势，他们反正都会赢，为什么会有赌场冒着被曝光、名声扫地、失去顾客，甚至吊销牌照的风险去作弊呢？另外，在一个诚信的赌场里，不正当的荷官何必冒着失去工作的风险去中饱私囊呢？

　　我们可以通过另一个问题来回答这个问题："政治与商业社会中是不是充斥着腐败？它们是不是也是相同的筹码（金钱）与相应的风险（丢失地位或者吊销牌照、名声扫地等）的衡量？凭什么合法赌博就比这些'合法'生意更有免疫力？"

　　最近这些年来，公众都知道了著名的黑社会团伙（像黑手党和科萨·诺斯特拉⊖）隐藏在多家赌场的幕后，包括一些最顶尖的赌场。普利策奖得主瑞德（Ed Reid）和合著者奥维德·迪马里斯（Ovid Demaris）在《牌桌丛林》（*The Green Felt Jungle*）一书中详细地描述了惊人的内幕。黑社会的控制在内华达无孔不入，即使是最高层也不例外。去内华达的人"必"读此书，其他细节可以在参考文

　　⊖　美国黑手党犯罪集团的秘密代号，意为"咱们的行当"。——译者注

献[17, 24, 28, 33, 46, 51]中找到。

瑞德和迪马里斯讲述了赌场黑帮怎样闹翻、彼此争斗。黑帮不只是通过赌场的"合法"利润累积财富，他们还从中"抽水"。也就是说，他们习惯性地把总收入报低些。这些报告可见于《纽约时报》1964 年 11 月 18 日到 22 日的系列文章，由华莱士·特纳（Wallace Turner）撰写。

现在让我来问你，科萨·诺斯特拉的人贿赂官员，从收入中抽水，用赌场的收入支持非法生意（毒品、卖淫、走私），为摆平分歧而进行谋杀——这些人会不会因为玩牌作弊而不好意思？可能他们输得起，可能他们不想要作弊带来的额外收入，尤其是这些"傻鸟"发现作弊的机会微乎其微，即便发现了，他们也无能为力。

我们继续之前，先来说下总体情况。大部分的 21 点赌局是没有作弊的。但是作弊已经足够多（我估计玩家遇到作弊的机会是 5% ~ 10%），这使得我们必须慎重对待。这意味着赢和输的区别，所以，我们必须要了解如何最大程度地避免作弊带来的损失。

我起初也是天真地相信赌场里面的 21 点游戏通常都是诚信的，然而个人的惨痛经历揭示了真相。第一次这样的经历马上呈现。

击败对手的荷官——固执的专家一晚浪费 20 000 美元

在内华达做测试的某个下午，X 先生独自一人去玩计 10 策略。第二天一早，他告诉我他在某家大旅馆玩了 8 ~ 10 个小时。他在局势足够有利时下赌场允许的最大注 500 美元，几个小时内赢了 13 000 美元。这时，赌场派出了 "撒手锏" ——一个专门对付大赢家的作弊高手。

她作弊的手法是轮到给自己发牌的时候偷偷看一眼最上面的牌。如果她喜欢这张牌，就（老实地）发；如果不喜欢，就发给自己顶部牌的下面一张牌，通常被称作 "第二张" 牌。虽然她也不知道第二张牌是什么，但是有一半的可能会比第一张要好。

X 先生固执地坚持玩下去，希望仍然能够战胜作弊的荷官。作弊的过程持续了大约 40 分钟，然后她休息 20 分钟，期间赌局恢复到诚信的状态。X 先生希望能够在这 20 分钟多赢一些，把 40 分钟作弊过程中亏的钱赢回来。但是他犯了一个致命的错误，他在面对作弊荷官时一直大笔下注，而不是下小注坚持到她休息，所以在此期间，他输得太多。几小时后，他输回去 20 000 美元，把 13 000 美元的盈利吐回去以后，还有 7000 美元的亏空。当 X 先生向老板（一个管理着若干家大型赌场的高层）抱怨时，老板解释说前一天一个（虚构的？）德克萨斯人赢了 17 000 美元，赌场不能再输了。

红桃皇后

我极度渴望学习怎么保护自己免遭欺骗，因此第二天一早去了这家赌场，Y 先生跟我一起。X 先生向我们描述了作弊荷官的样貌：瘦、面孔铁青、40 岁左右的女人，黑头发但根部有点灰白。

我买了 1000 美元的筹码，在最近的一桌坐下。我下了 30 美元的赌注，荷官给我发了一张牌，也给她自己发了一张。然后她发第二张牌给我，这时监赌人冲过来，叫停了她，拿走了牌，叫了另一个荷官过来。新荷官的外貌正如 X 先生所描述的那样。

我拿到一对 8，荷官的明牌是 3 点。我对 8 分牌，两手牌分别有 20 点和 18 点，荷官的底牌是 10 点。Y 先生跟我观察荷官，她把牌的边缘抬起，轻轻弯过来看是几点。我们也看到了，是红桃皇后。她的牌会爆掉，所以她发第二张牌给自己，是一张 8，给她凑成了 21 点，然后她把我们的 60 美元筹码都收走了。愤怒的 Y 先生指出她做了些什么。她红着脸低下头，什么也不说，假装根本没听见我们大声的、愤怒的抗议。监赌人过来以后，也没有任何措施。我们什么都做不了——"只有口头抗议"。我们离开了，吃一堑，长一智。

这次经历之后，在写作本章之前，我又去了几趟，研究作弊的问题。我去了拉斯维加斯和里诺的大部分赌场，逗留时间从几分钟（发现作弊）到几小时，下注范围从1美元到125美元。我经常遇到作弊，多到足以让我分辨与发现几十种以上的作弊方法。无论是豪华的赌场还是路边的小赌场，各种金额的赌局中都有作弊行为，甚至是赌2毛5分的赌局！！还有很多情况下，牌是如此奇怪，虽然我没有明确看到第二张牌被发出来（对于一个技巧高超的荷官来说，发现是极难的），我还是怀疑有作弊。

里诺–塔霍湖之旅与第一次的拉斯维加斯之旅（在里诺–塔霍湖之行后的4个月），我非常幸运能与计10点高手同行，他们对于演示和发现荷官的作弊手法非常懂行，并向我耐心地解释了作弊的方法。而且，因为他们都投了钱，我玩的时候他们都站在我这边，卖力地观察。

强调一下，我所描述的作弊事件是我个人的经历，我不希望暗示它们具有代表性。平均遇到作弊的概率应该低于像我这样的被精确定位的"重要目标"。另外，这个问题可能会随着政府、赌场管理、赌场老板、下注金额、一天中的不同时段、不同的荷官等而有所不同。

有时候诚信的赌场也有可能在不知情的情况下雇用不诚信的荷官。这个荷官可以对赌场作弊，让一个朋友大赢特赢。如果赌场经常检查流水单，可能会发现这个荷官有时会输得特别多。为了防止被发现，一个逻辑上成立的方法就是荷官对其他玩家作弊，把亏空补上。有些人把荷官的这种行为叫作罗宾汉行为。

我绝对不希望暗示内华达的一部分赌场会比另一部分赌场更多地或者更少地作弊，我也相信作弊问题不至于严重到让玩家放弃去玩。但是，任何想去玩21点游戏的玩家，应该毫不迟疑地去了解他的对手可能作弊的主要方式。

我曾经从一个可信的渠道听说在内华达博彩管制局开始工作的第一个五年内，它们因为作弊的问题关闭了超过20家赌场。公众对此几乎毫不知情（例外请参见参考文献[71]），而且这些赌场在更换管理层以后又很快重新开业了。

取决于你在世界的哪个区域，作弊的可能性从几乎没有到超过90%。权威部门给予被欺骗玩家的帮助也从完全没有到非常有帮助。你可能需要在玩之前调查一下你所处的环境。

通常来说，在21点游戏中作弊的方法可以有几十种。

基于我在赌场的经验，我们在这里描述几种最常见的。

在牌上做标记

荷官作弊最主要的技巧是在某些合适的节点，通过牌的上边缘认出点数，如果有利可图，就发第二张牌。最简单的方法是在牌后面通过某种编码做标记，用特别的符号，表示某一张牌。标记过的牌，被称作"paper"。每年有几百万张标记过的牌被手工生产出来发往各处，尤其是用来在赌局中作弊。它们有时也出现在"魔术"商店里。

所有广泛使用的纸牌品牌都无从幸免，从名声好的公司里生产出来的纸牌也无安全可言。其他人可以很轻易地"标记"这些纸牌。比如说，任何人都可以用微不足道的成本买些特殊的墨水和刷子做到。关于纸牌是如何被标记的、标记的图案、部分标记的风格，读者可以参见参考文献[15, 21, 22, 36, 53, 58, 66]。发第二张牌的图片说明（在下面讨论），也可以在这些参考文献中找到。

有一次，我在赌 2 ~ 20 美元，一位纸牌专家站在身旁保护我不被作弊。当我开始以后，只过了一小会，牌就被拿走，换了一副。我要求留下旧的那副做个纪念，我要它是想研究标记。尽管我坚持就要这一副牌，赌场仍然拒绝了，相反地，在磨磨唧唧之后给了我另一副牌。后来的这副牌比他们拒绝给我的那副牌好了许多。带着怀疑，我继续用新牌玩，当我适度赢了一些（刚好有一连串有利局势）我的怀疑渐渐平息。大概 30 分钟以后，我停止了，朋友告诉我玩的是标记过的牌。他说给我发牌的两个荷官都在赌注大于或等于 10 美元的时候发第二张牌，在小于 10 美元时就不会。我立刻回想起一件怪异的事情。有一次一张牌卡在牌堆里，只有一只角被夹住，荷官在急速地翻转手腕之后才让它落下来。这个肯定是第二张牌，因为它挂在那里，上下都有牌夹住它。

我的朋友说他没有阻止我继续玩是因为我还在赢。尽管我确实赢了些，但我的盈利可能只是我在大好局势下本应该赢到的一小部分。

通常，发第二张牌的荷官有一个习惯动作是在发牌过程中敲他拿牌的这只手的手腕，这有助于避免上面所说的牌卡住挂在那里的窘境。所以，如果你看到荷官有这个不必要的动作，你要高度怀疑他可能会发第二张牌。

有一个曾经为赌场做 24 小时待命的会作弊的荷官，给我演示了一种新奇的标记方法。他用指甲在 A 和 10 点牌边缘按下去，他并不划花这些牌，只让它们轻微变圆了一点。我和几个朋友尝试着查找标记，发现这些牌与其他牌好像完全没有区别。但是，当这副牌以特定角度对着光线的时候，训练过的人就可以通过标记过的牌的边缘发出的光认出来。因为角度涉及光线的反射，荷官能看到时，其他人看不到。

这位荷官声称博彩管制局的人没收了几副他标记过的牌，把图案投影到一面墙这么大也没有被发现。

有些人晚上睡觉想着他的工作、股票或者家庭；数学家睡觉想着高等数学里面的命题；有些人就数绵羊。但是，这个荷官和他的小伙伴们连睡觉都在想着"出老千的新方法"。

偷窥

标记的牌有一个缺点，就是可以被作为法庭上实实在在的证据。一个更常见的分辨顶部牌的方法，就是荷官真正看到顶部牌的牌面，其优势是可以应用在任何一副牌上。这个方法叫作偷窥。

一个熟练的荷官可以在一张坐满玩家的桌子上，轻松且清楚地看到第一张牌而不被发现。假设第一个玩家爆掉了，荷官拿过他的筹码和牌，通常他用两只手做这些事。如果他左手拿着牌，当手伸出去以后，很自然地把牌翻转过来，使得牌面朝下。你尝试这么做，把左手固定在这个特定位置，现在，伸出你的右手把右后角轻轻向上弯曲。注意这时，你可以通过暴露的部分看到牌的点数，但是对着桌子的人看不到。现在，很显然没有人会用他的另一只手把牌往下弯，但是，一个熟练的荷官可以用他拿牌的同一只手很快地悄悄完成。幸运的是，相比发第二张牌，很多作弊者（如果不是绝大多数）对于偷窥没有这么熟练。如果你仔细观察，就可以经常发现他们在偷窥。

如果你有怀疑，有一个方法可以使你抓到偷看过程或者迫使偷看停止。如果荷官偷看，那他的眼睛必须要在牌上停留，除非他是用"反射物"。当一个人玩的时候，另一个人站在玩家的背后（我们在讨论发第二张牌时也会说这样的好处），盯着荷官的眼睛。当荷官看着手中的牌时，观察者的眼睛看向这副牌判断偷窥是否可能，然后再看向荷官的眼睛。观察者在牌被发出来的时候，也要看这副牌。

我发现这个方法非常有效。有些作弊的荷官由于担心被捉到，会变得非常紧张，反而笨手笨脚，更易露馅。另外一些荷官在压力之下，就停止作弊了。

前面说的"反射物"是指一个藏起来的小镜子，让荷官在发牌时或者发牌前，能看到牌面。它可能被藏在戒指上、烟斗里，或者是抛光的钱箱等地方[53]。

一个简单的家庭实验

假如荷官偷看，并且按意愿发第二张牌。这里有一个简单的家庭实验展示他通过这样做能够获得极大的平均优势。

给单个玩家发一手牌（如果必要，可以假想一个），然后给你自己，也就是庄家，发一张牌，让玩家用基本策略玩牌。每次当你给自己发牌之前，看一下最上面一张牌。（可以简单地从一叠面朝上的牌堆中发牌，所有牌都面朝上。）如果你不想要这张牌，拿住它，然后发第二张。这里需要一定的判断，当你觉得自己的决定是好的时候，在每边下一个单位的初始筹码。记录 100 手的结果。在需要的时候，就重新洗牌。面对一个基本策略玩家，我尝试了100 手。玩家赢了 9 个单位，但是庄家赢了 110 个单位。对照表 3-6 中诚信情况下的结果，庄家获得的额外优势是惊人的 +101%。

发第二张牌

发第二张牌是世界上数以百万计的作弊手段中的重要武器。如果做得好，即使面对专家，都几乎能不被发现。在 16 世纪，相关的手法与牌的控制方法就很成熟了。参考吉罗拉莫·卡道（Gerolamo Cardao）[50，132-134 页] 的报告，他可能是那个年代最出色的赌手，在报告中他讲述了不可思议的技巧与诡计。

有一种检测方法（听发牌的声音）通常在嘈杂的赌场里面基本无用。这个方法是基于这个事实的：发牌时，第二张牌与上下两张牌发生摩擦；而发第一张牌时，只与下面的牌有摩擦。所以，发了第二张牌的声音就好像嗖、嗖、唰（第二张）、嗖。当然声音之间的区别是细微的，需要很安静的环境才能发现。

要对发第二张牌有个大概的认识，用你的左手拿一副牌，就像你马上要发牌。现在按如下方式整理牌：牌的左前角应该停靠在你的"虎口"或是食指的第二关节处，食指的顶端应该轻轻地放在牌的顶部前面的边缘（这使得抽出第二张牌的时候，第三张牌不会被顺带向前突出）。牌的左后角应该牢牢地安放在手掌中。第二、三、四根手指应该在牌下面绕着右侧，它们的顶部也要轻轻放在牌上面。

现在，大拇指应该舒服地放在牌上面，朝着前方，把第一张牌向左推，大概半英寸⊖。这个半英寸只是为了演示。专家可以把牌向左推（或向下，作为一个重要的变种）一点点。如果你的握姿正确，剩下的牌几乎不受什么影响。

⊖　1 英寸 = 0.0254 米。

第二张牌的角现在露出来了，用你右手的拇指像平常发牌那样，把第二张牌向右滑出。等牌出来了，用拇指和食指像平常那样拿着。与此同时，用左手拇指把第一张牌向右推回到初始位置。如果你的握姿正确，在整个过程中只有第一和第二张牌有移动。第二、三和四根手指的适当高度可以保证第二张牌在抽出时，它下面的牌不会被带出来。这样，在第二张牌发完以后，整副牌看起来很正常。这算不上高超的技术，但是可以让你理解发第二张牌是如何实现的。

如果你用的牌是有边的，你可能会注意到，在第二张牌发出时，最上面一张牌的右边缘⊖几乎是静止的。但是，如果发的是第一张牌，第二张牌的边缘是部分或者全部被最上面的牌盖住的，直到牌发出去才露出来。所以鉴别发第二张牌的一个方法是盯着牌背的右边缘看（从玩家这边看，是左边缘），看发牌时这个边移动了没有。

为了对付这种鉴别的方法，很多发第二张牌的荷官使用没有边的纸牌。但是，有些不作弊的荷官也用这种牌，所以单纯地看有没有边不能鉴别是否作弊。让玩家更难鉴别是否发第二张牌的是，荷官通常把牌的前面抬起来一点，

⊖　我整本书都假设荷官是右撇子。如果荷官是左撇子，在很多讨论中，读者应根据上下文调整文章中的"右"和"左"。

这使得玩家只能看到牌的侧边！在这种情况下，纸牌有没有边，就不相干了，因为发牌时你根本看不到牌的背面。

荷官经常把牌的前端向上抬起，背面朝向他们的胸前，这样站立围观的群众也看不到牌的背面。保持这样的姿势，任何人都可以发出第二张牌而不被捉到。如果你自己尝试，只要把最上面一张牌向下推一点，把第二张牌向前推出，然后把第一张牌推回原位。

可能现在赌场中最流行的没有边的纸牌是著名的蜜蜂 67 号。牌背面的图案是实心的菱形间隔着虚的白线。这个图案让没有受过训练的人看起来眼晕，难以分辨，它的用途是增加识别发第二张牌的难度。如果加上手腕翻转的动作，发第二张牌就更加难以分辨了。

牌的堆放：高－低取牌

我在赌场里研究实际运用的作弊手法时，遇到过一种新奇的游戏。其规则非常标准，除了用四副牌洗到一起以外，牌是从"牌靴"中发出来的。牌靴是个黑色的塑料盒子，上边有个开口。四副牌洗好以后，长边在下被放到牌靴里面。牌靴下面有条窄缝，前边一点有个椭圆形的洞。通过椭圆形的洞，牌的背面可以被看到。荷官用他的右手拇指穿过椭圆形的洞来发牌，他把牌从下面的窄缝抽出来，每次一张。

这看起来对计 10 策略非常理想，因为用了这么多牌，每手牌的优势波动（这与上一手的出牌密切相关）比一副牌的时候要小很多。这样在下大注的时候，赌注的变化幅度比较小。我在赌桌上玩了半个小时，等待有利局面出现，证实了这一点。当一轮优势来临时，我把赌注从 1 ~ 5 美元变成 5 ~ 25 美元。然后，我在 4 副牌用完之前，比较长的一段时间内都拥有优势，我赢了大约 80 美元。接下来的两三个小时的情况差不多，我总共赢了大概 160 美元。一个玩牌专家朋友在旁边觉得赌局很安全，就去别处逛了。我们很快就受到了昂贵的教训。

过了一会儿，一个素未谋面的荷官来到我这一桌。几分钟以后，四副牌局势变得有利。就在这以后，我几乎每一把牌都输。这一轮结束前，我已经输了 250 美元。带着惊愕与怀疑，我开始盯着荷官看。

可以察觉到，他从牌靴里面发第二张牌。但是，他是怎么判断最上面的牌的呢？偷窥似乎不可能，因此反射物被排除了。是标记过的牌吗？我观察荷官的眼睛，但是他从来不去看从椭圆洞中露出来的纸牌背面。

接下来的 10 轮中，这 4 副牌维持平均水平，所以我一

直下 1 美元。但是，我几乎每把都输！我就开始计数，26
手牌，我输了 24 手，平了 1 手，就赢了 1 手！26 手牌里
输 24 手的机会按概率来算只有两百万分之一！⊖我无法相
信，难道因为我太累了，所以不会数数了？为保险起见，
下一轮我用小堆筹码来记录输赢。我故意做得很明显，因
此荷官肯定是注意到了。我想看看他是否会调整策略，他
没有。接下来的 14 手牌，我输了 12 手，平 1 手，赢 1 手。
40 手牌里面输 36 手的概率是两千五百万分之一！我懵
了——他究竟是怎么做到的？

然后我注意到一件奇怪的事：荷官在摆放他赢了的一
对 10 的时候，从我手里拿了一张小牌插在中间。这是偶
然吗？我很快注意到，用过的牌都是按照点数"低 – 高、
低 – 高"这样堆放的，然后，我看发出来的牌也是这样的。
我们 6 个人拿到的牌都是（10，3），（10，2），（10，6），
（9，5）等。我干脆不玩了，看这家伙怎么整。他轻轻地拿
起牌，不引人注目地把高低点数的牌交替放在一起，洗牌
时他没有弄乱顺序（假洗，就是看上去像洗牌，实际上牌

⊖ 想要计算这个数字的读者，可以假设每手赢和输的概率都是 0.5，就能得
到一个稍大于两百万分之一的数字。但是，平局的概率大约是 0.1，这也
必须被考虑进去。当这些完成，我们问：26 手牌里面至少输 24 手的概
率是多少？采用每手输的概率是 0.45，不输的概率是 0.55（平局或者赢），
我们得到的这个数字是两百万分之一。

的顺序没有变，高手们的套路）。他在发牌时，根本不需要偷窥或者标记牌。他知道牌在哪里：就在摆牌的过程中。

赌场对我上一轮"好运"的应对可谓是非常迅速和粗暴的。我决定探寻这是不是赌场的策略。我观察到这个荷官通常在人最多的桌上工作，另外，其他的大部分荷官没有这么熟练。看起来，他们并不"知情"。我很确信，在我下 1 美元赌注的时候他们没有作弊，作弊的荷官在别处忙。我和好几位荷官交谈来印证我的推测，我问最近有没有人赢过？少数几个荷官记得上周有这么一个人（其他荷官不记得有），这个人大概赢了 500 美元。我猜测这个人可能玩的时间不太长，并且下注很大。确实，荷官们说这个人下注 25 美元和 50 美元（在加倍和分牌的情况下就是 100 美元），并且只玩了一会儿。所以他赢到的钱相当于在下注 1 美元和 2 美元时，赢 20 美元。他很幸运，在大炮没有对准他的时候就撤了。

我后来在很多其他赌场都发现了使用这种高 - 低点数的方法。这里有个测试可以让你对这个方法的威力有个认识。定义 A，10，9 为高点，定义 2 ～ 7 为低点，定义两张 8 为高点，另外两张 8 为低点，用低 - 高、低 - 高的方式整理牌。现在发牌给一个假想的玩家，再发给你自己作为庄家，发给玩家低 - 低，而你拿到高 - 高。如果牌的顺

序是低 – 高，自动就完成了。如果牌的顺序是高 – 低，你就发第二张牌。基本上，你每手都能赢。如果你见到这样发牌的赌局，立刻离开。

牌的堆放：7 点递进序列

有天下午，我和荷官对峙，赌 10 ～ 100 美元。我玩了三四副牌以后，注意到荷官在每副牌开始都会发两手牌，一手 21 点，一手 20 点。更神奇的是，每次他的 21 点都是黑桃 A 和相同的 10 点牌，梅花 Q。坐在我旁边的是被我私人请来坐镇的迈克尔·麦克杜格尔（Michael MacDougall）先生，他是内华达博彩管制局的特别调查员[⊖]，是世界上顶尖的识别作弊的专家。（本章后面的内容取自第 5 章介绍的旅行之后 9 个月的一次旅行。我们在内华达几十家主要的赌场逗留了 8 天，每天玩 12 个小时。）麦克杜格尔先生告诉我，荷官把牌摆成了 7，8，9，10，10，J，Q，K，A 的序列，这个序列在洗牌中没有被打乱。预先设定好的某一部分牌一直不洗乱，是作弊的一项标准技术。这个序列

⊖ 麦克杜格尔在他的联合专栏^[35, 37]中写到了我们遇到的作弊。在 1963 年 4 月 7 日，我们作为嘉宾参加"Open End"的活动中，他提到了此事。他在全国各地对俱乐部、晚宴和其他活动的演讲中，曝光了作弊的方法。巧合的是，在内华达，他后来就较少被邀请作为调查员了。

被称作"桥"，意为它藏在牌堆的中间，因此牌面向下摆放时，中部不会接触桌面。

荷官把这个序列放在牌堆的近似中间位置，让我切牌。一个不知情的玩家通常会切牌使得这一序列放到最上面。你可以自己试试看。

让我们回到故事。当我切到 7 时，牌是这样发的：8 点给我，9 点给荷官，10 点给我，10 点给荷官。他拿 19 点，我拿 18 点。下一手牌，J 给我，Q 给荷官，K 给我，A 给荷官。他的天成赢我的 20 点。

荷官收起牌以后，还是按这样的顺序放在牌尾，下一轮又重复这样的情况。读者很容易明白，这样的一组牌可以同时应对两三个玩家。

在这家赌场中，荷官换班时把纸牌放到他们的口袋里。新的荷官上场时，从口袋里拿出牌。我们发现他们离开后在牌堆中放置了"递进"牌。

据说，肯塔基新港的一个荷官发明了这种递进序列的方法。他对自己的发明非常自得，在考虑向使用这种方法的赌场收取版税。

一个非常相近，但是看起来更自然的牌的堆放方法（现在不是很流行）是：让牌在开始的时候，有一串的 10 点。那么，第一轮大家都拿到 20 点和庄家打成平手。但是，剩下的轮次中 10 点牌很少。这个效果就好像在游戏之前把几张 10 点牌从牌堆中抽出来一样。

用来保留递进序列的洗牌方法可以说服旁观者：这不是在假洗牌。荷官甚至可以在每次洗牌以后再次整理。一个相当长的高－低点数牌的组合也可以用这种方式保留下来。

我曾经遇见过一个贪婪的金发荷官留存了 20 张高－低点数牌。当我提醒她注意这一堆牌的时候，她拒绝把这些牌打乱。

经常可以看到：一张 21 点赌桌上除了荷官之外，空无一人，他们等待玩家。一个惯例是把牌面朝上展开，这样，玩家可以确认所有牌都在。如果牌是新打开的，牌都按初始的位置摆放，玩家很容易判断是否有缺失。当牌被混起来以后，就不那么好分辨了。一旦你坐下来，牌就会被收起来，洗一遍，然后拿出玩，所以你根本没有时间去检查。迈克尔·麦克杜格尔先生发现，如果我们离开空桌远一点去检查，这样的序列就已经准备好等你上钩。我们去了一家可疑的赌场。我们在去的第一张赌桌，就看到了递进序列，然后下注 1 美元。荷官直接发牌，连洗牌都免了。正如预期的那样，我们切牌切到了递进序列上，庄家先是拿到 20 点，然后是 21 点。我们指出是如何被递进序列骗到的，荷官笑得很开心：他的作品终于有人欣赏，他感到无比骄傲。[37]

最后一棒

一家拉斯维加斯的大型脱衣舞酒店，似乎完全没有作弊行为。我赌 5 ～ 50 美元，半小时赢了几百美元。一个监赌人用开玩笑的口吻问我是怎么做到的。麦克杜格尔先生告诉他，"上上下下，像坐电梯一样"。因为这个监赌人态度非常好，我们也快没地方要去了，所以我们跟这家酒店达成了如下协议：下注 5 ～ 50 美元，玩 45 分钟，或者赢到 200 美元，先到为准。45 分钟足够短，我几分钟内就可以从算牌的压力中恢复。如果我们只赢到 200 美元，我们赢得也足够少，对照一般的波动，像是运气好一点而已。

（读者可能有些困惑，对照第 5 章中的测试过程，现在的下注范围很温和。因为在这两次之间，内华达的环境发生了翻天覆地的变化。这次旅行，我们发现只要赢 250 ～ 500 美元，或者一次下注达到 50 ～ 100 美元，我们就面临风险。）

这家赌场后来又欢迎我们去了几次。我们一连赢了八次。在第九次的时候，我们正忙着赌，监赌人把荷官叫过去叮嘱了几句。我朋友麦克杜格尔先生听到荷官说："好，我给他。"荷官回来以后，我们问他要给我们什么，他只是笑笑。我们的眼睛盯着荷官的手和眼睛，他没有做任何可疑的事情。带着困惑，我们一边观察一边玩。几分钟后，一个不起眼的人从我们赌桌后面的走道冲过去。当监赌人吹了个口哨，他快速地经过我们的赌桌，然后极速转弯，一屁股坐在我右边。我降低了下注额，静观其变。

我们立刻发现荷官现在可能在偷窥，但是他没有发第二张牌。新加入的玩家看着荷官的眼睛决定是否继续要牌。赌注兑付时，我试图看他的牌，从而判断他是否遵循一个一致的策略。但是他总是把牌面朝下放，荷官也这样收牌，因此我只能看到背面。最后，我终于两次瞥到了这家伙的牌。

他在硬 8 点时停止要牌，在硬 19 点时却继续要牌！后续的详细观察证实了这个事情：荷官在偷窥。如果他想让我拿到最上面这张牌，他就暗示新加入的玩家（就像接力赛中的"最后一棒"）停止。如果他不想让我拿到最上面的牌（比如说我加倍以后，他看到最上面一张牌是 9 点或者 10 点），他就暗示最后一棒要牌。最后一棒的存在让发第二张牌变得没有必要。如果牌是做过标记的，那连偷看都不用了。

　　荷官可以轻易地通过我的习惯来推断我的行为，是否会加倍、要牌、停止要牌或者分牌。所以，在赌场中一个有用的技巧是在玩牌的时候保持面无表情。一个更容易的方法是轮到你的时候，再拿起你的牌来看。这样，你就不会无意中帮助利用最后一棒的荷官。

　　我们换到另一桌，离我们之前那桌最远的一桌。我坐下时，一个玩家已经坐在我右手边，占了最后一棒本来想坐的位置。荷官被传了话，然后最后一棒也耐心等待。几分钟后，我右手边的玩家起身了，最后一棒立刻坐下来。我们离开了，这家赌场的开心之旅随之结束。

　　还有一个可选的方式，就是最后一棒坐在荷官的右手边，然后按照荷官的指示决定是否要牌。这样就能让接下来拿牌的荷官，拿到更多他想要的牌。整桌上的人，都会输给荷官的好牌，而在上面例子中，只有一个玩家好像运气特别差。

　　我们在其他赌场中也遇到几次最后一棒。他们说在内华达这个内陆城市，有全国最大的"海军"[⊖]。

无理由的偷看

当荷官的明牌是 10 点时，他会立刻检查暗牌，看是不是天成。如果他的明牌是 A，他会首先问玩家要不要买保险（假设允许买保险），然后才查看暗牌。如果他的明牌是其他点数，轮到他玩之前他没有任何理由需要查看暗牌。我多次见到荷官在明牌为 A，并且问玩家是否买保险之前，去查看暗牌。于是，他们可以凭借动作和神态去影响玩家。如果他拿到天成，要不干脆不提供保险，要不催促玩家。如果他没拿到天成，他们就给玩家充足的时间考虑，甚至用面部表情暗示买保险是明智的选择。有时候，我会见到荷官在明牌不是 10 点也不是 A 时立刻看底牌。然后他们偷看牌，直到等到需要的牌，再通过发第二张牌的方式留给自己。

随叫随到的技工

（纸牌）技工是指手上功夫娴熟的老千。有些大赌场有自己的技工，他们轮值做荷官。因为技工比一般的荷官薪水高得多，所以作弊的赌场出于成本的考虑，只会用额外的收入雇用适量的技工。通常一个班次只有一名技工。有天上午，我在赌 10 ～ 100 美元，保持盈利。过了一会儿，荷官换班，他的替班上场了。突然监赌人冲了过来，责骂了这位替班，把他派去另外一桌，原来的荷官继续工作。又过了几分钟，监赌人叫来另一个荷官来接替之前的那个。据保护我的专家朋友说，新来的这个人是技工。我们没发现确凿的作弊证据，只是其动作很可疑。但是，好的技工经常能够在最老练的眼睛下掩饰自己的动作，只留下一点点蛛丝马迹。我们立刻变成几乎每把都输。在 10 美元每手的赌注下，我们用几分钟就把盈利的几百美元输光了。

我们穿过街道来到另一家小一点的赌场，用 5 ～ 50 美元下注，20 分钟后我们赢了不少。监赌人变得非常不友好，他随后打了一个电话。又过了一会儿。我们看了看手表，现在的荷官应该休息换人了，但是没有。在一个"没有时钟的城市里"，记得带块表，了解赌场通常的换班时间，以及你的荷官是不是在正常的时间换班。如果规律被打破，意味着你的麻烦来了。

我们的荷官已经当值 37 分钟了（这家赌场的正常换班时间是 30 分钟），一个身穿白衬衣、黑裤子，看上去像荷官，但是没有本赌场标识的人，快速地从门口走进来，来到我们的赌桌，他立刻开始发牌。我们怀疑他是技工。监赌人变得很放松，微笑着说："先生们，要点饮料吗?"一股热情似乎弥漫在这个沉闷而孤寂的地方，我们随后离开了。

杂项

荷官作弊的方法千奇百怪，我们这里只能给出简短的介绍。有兴趣的读者可以在参考文献给出的材料中详细研究[15, 22, 36, 53, 58, 66]。很多有趣的事实也在 1961 年秋季博彩参议院调查报告中进行了陈述[30, 42]。

尽管我们多次提醒玩家荷官作弊的风险，但仍有很多赌场是非常诚信的。我们本章的目的是让读者清楚地知晓作弊的危险，让他们有足够的知识能在大部分情况下识别作弊，从而在巨额亏损前离开并选择其他赌场。在作弊的地方玩就是自杀，你根本没有获胜的希望。

避免作弊

从实践的角度上说，你不大有机会抓住很多作弊。高水平的作弊只有专家才能发现，有时甚至连专家也做不到。要如何才能避免因为遇到作弊而损失惨重呢？

我所知道的最好的方法（前面提到的送报路线图方法）

已被广泛使用，且效果显著。这里再给出其思想：把你的
赌本切分成相同的 10 等份或者 20 等份。例如，初始赌注
200 美元，你可以分成 10 份，每份 20 美元。当你坐下来
玩的时候，买 20 美元的筹码。玩到你的 20 美元全输光或
者翻倍，就结束。如果一个小时过后还在玩，也结束。然
后去另一个赌场，回到你之前玩得很好的赌场和荷官那里
去，避免那些让你输惨的赌场和荷官。采用这种方法，没
有人可以伤害你太多。你不会和同一个老千玩两次。

第 11 章

作弊会停止吗

《生活》杂志曝光作弊故事

《生活》杂志发布了一篇专题文章，讲到作者保罗·奥尼尔（Paul O'Neil）曝光了一个长时间被掩盖的关于内华达 21 点游戏作弊的故事。[49] "索普多次被作弊的赌场伤害……他被监赌人赶出（扔出）赌场，被托儿骚扰，被不断地送酒，被黑社会盯梢，两次被赌场热情招待的蒙汗药放倒架出。" ⊖

准备他的文章时，奥尼尔阅读了我的书籍。然后，他在拉斯克鲁塞斯用了一周的时间研究我和我的方法。接着，他和我在拉斯维加斯待了 4 天（我在那里参加 1963 年秋季计算机联席会议）。他看着我在挤出来的 4.5 个小时内赢了 420 美元。（我的赌注范围是 1 ～ 25 美元，平均 5 美元）。我在纯品康纳酒店（管理层没有认出我）摆姿势照相的 20 分钟间隙内，又赢了 62.50 美元。

《生活》杂志上的文章是很准确的，奥尼尔进行了深入的调研。

即使是《牌桌丛林》（《 The Green Felt Jungle 》）的作者（可能受限于不充分的信息）也不确定作弊的严重程度。

⊖ 这是赌场对付我在百家乐连赢五晚的最后一招。在我和团队赢的第七个晚上，规则改变了，我们使用的附注法被取消了。[59, 70]

它的精装本封面上描绘了内华达赌博的肮脏景象，并论断
道："讽刺的是，赌博的设备可能是拉斯维加斯唯一可靠的
东西。"

内华达的回复

《生活》杂志上的文章不能被忽视。西部有不少抗议的
声音，例如，内华达博彩管制局的主席，爱德华·奥尔森
（Edward A. Olsen）致信给了《生活》杂志。[48, 27 页]

> 先生们：
>
> 　　你们的记者或者是索普博士都没有证据支撑
> 如下的表述："索普在内华达的几乎所有主要赌场
> 都遇到过作弊的荷官。"
>
> 　　你们的记者说索普博士"通常在遇到作弊时
> 通过他的神经末梢就感知到"。看起来他比 21 点
> 游戏中的计牌方法更值得科学研究。我认为《生
> 活》杂志诽谤了内华达州。
>
> 　　　　　　　　　　　爱德华·奥尔森，主席
> 　　　　　　　　　　　州博彩管制局

在《生活》的文章出版后不久，4 月 3 日，

奥尔森先生以作弊为由，关闭了一家拉斯维加斯的赌场"银拖鞋"。与此同时，几家赌场修改了21点的规则以应对索普的系统。

——爱德华

但是右手显然不知道左手在干什么。就在奥尔森先生寄出这封信的时候，一家内华达的报纸声明[25]：

银拖鞋赌场被关闭，遭搜查，赌场执法者指控其使用"作弊的骰子"。

文章继续讲述了五粒骰子如何在掷骰子赌桌的例行检查中被收缴。所有的五粒骰子之后都被证明动过手脚。"相关官方文件由爱德华·奥尔森主席签署"，较早前一项21点的作弊事件被作为第二项控罪：

去年以前，银拖鞋尚无严重问题被发现。随后，博彩董事会博彩管制局的投诉卷宗显示，一个秘密探员发现该赌场的21点荷官作弊。赌场的管理层被通知，相关荷官被解雇。

当时，他们没有采取其他措施，现在该事件被列为此次投诉的第二个原因。

如果停止纸牌作弊行为

在本书的第 1 版中，我曾给出详细并且简单的流程，能被用来杜绝书中提到的几乎所有的 21 点作弊方法。这些建议很明显被内华达当作耳旁风。

如何能让普通公民或者联邦政府彻底根除作弊行为？很多人问过我这样的问题，我也进行了长时间的思考。

一个很大的障碍是，你如何获得证据，在法庭上指证像手指动作这般无形的作弊方式？你真正需要的是获得相片，甚至更好的录像资料。视频资料是理想的，因为动作可以一帧一帧地被分析，而相片则可以显示作弊的动作、作弊的人（为了辨认）以及赌场的标志。

阻止随后的作弊行为就变得简单了。在一些国家级发行的书或者杂志上印刷这些图片。

我知道最可行的获取图像的方式是（虽然仍然困难）用一个小型的日本产的摄像头，把图像远程传送到记录仪中，但这可能有法律方面的风险。我知道内华达规定在赌场内未经允许是不可以拍照的。

美国财政部如何挽回抽水的损失

1962 年夏天，一个美国财政部的地下探员拜访了我。

他是内华达调查逃税行动某行动组的成员之一，该行动组有六七个探员。他告诉我，有些赌场瞒报了大量"灰色"收入。比如，在 21 点游戏中，你在赌桌上买筹码，你的钱通常是通过一个溜槽滑到下面一个上锁的盒子中的。这些盒子每隔一段时间被送到清点房，打开，其中的钞票被计入赌场的毛收入。根据探员所述，一个常见的做法是把这些钞票放在点钞机上，计算 100 元、50 元、20 元和零钱的数量。

他断言有些赌场拥有两套这样的点钞机，一个的数字是真实的，另一个的数字被大幅降低。小的数字报给政府，利用真实收入和报告收入之间的差额，就逃了税。

我问探员，他是如何得知这些的。他说，他和其他地下探员扮成赌场豪客，赌场为了讨好他们愿意带他们去清点房参观。

他说根据探员的经验，那次所见的有三分之一的收入被瞒报了。1961 年，内华达州声称赌博的毛收入是 2.2 亿美元，如果开支是 1.8 亿美元，那么利润是 4000 万美元，税应该是 1000 万美元，留下 3000 万美元的纯利。但是他怀疑有 1.1 亿美元的收入被隐瞒了，这意味着纯利高达 1.4 亿美元！从政府偷逃的税款可能超过 2500 万美元。

探员一定要来见我有两个原因。首先，他和其他探员已经学会用我的制胜系统进行游戏并识别作弊。政府"不能负担"让他们进入清点房参观的巨额开支，他想要额外的指点。

其次，探员想了解有没有可能证明，也许用统计的方法，赌场的确有瞒报收入的行为。我们讨论了几天，随后我建议了如下的方式。以下是我向联邦政府建议的初始文本（除了一些细微的变更和澄清，已经有括号标出）。

"现金泵抽"行动

1962 年 6 月

引论。我们有充足的理由相信，在内华达在计算赌桌上"落集"的现金时（就是在赌桌下面现金盒子里面累计的现金），赌场进行了收入隐瞒。这意味着，在清点房，他们隐藏了部分资金，使得汇报的收入小于实际的收入。证据来自两方面。第一，一个联邦探员几次在清点房亲眼看到。第二，赌场花费了大量在其账本里面没有记录的花销，例如迎接顾客的女孩、在赌桌作弊的技工（他们得到收益的提成和更高的日薪，我和一个技工长谈过），以及对于全国性黑帮的资助。这些"多余"的资金（那些赌场花掉但是没有报告的资金）是从哪里来的？逻辑告诉我们，这来自"赌场"瞒报的收入。

在 1961 年，内华达赌场的毛博彩收入是大约 2.21 亿美元，报告的税前净利润是大约 4000 万美元。如果赌场仅仅抽水六分之一，它们隐瞒了潜在的可税收入 4400 万美元，比它们假设的净收入翻倍还要高（报告的 4000 万美元收税以后是大约 3000 万美元）！基于之前引用的证据，看上去抽水的实际比例远不止总数的六分之一。

一个著名的揭短记者，叫林肯·斯蒂芬斯（Lincoln Steffens），在 1900 ~ 1910 年之间，写了一系列轰动的杂志文章，披露了大城市和州政府新出现的腐败。在他的自传里面，他用一句格言总结了："哪里有贪污腐败的空间，哪里就有贪污腐败。"赌场可以不受惩罚地隐瞒收入：没有任何预防机制存在！另外，假设某个赌场隐瞒了 10 万美元，它为什么不隐瞒 100 万美元呢？因为即使被抓住，惩罚是一样的，它为什么不多隐瞒一些？

我们提出了一个测试方案，要么能够去除赌场的抽逃，要么能形成证据足以使得负责的赌场大老板被指控入狱。看来对于部分赌场，在后面的事件中，一些控罪的结果是导致赌场的其余犯罪人走在"正义的道路"上。潜在的税收收益可以每年用以支持这个项目的运作。

计划。我们提议在指定的赌场、指定的赌桌进行游戏。我们会用已经记录序列号（这个记录对于我们而言的主要目的并不是关键点，但是有一个额外的应用，将在后续的报告里面讨论）的百元大钞购买筹码。我们将连续玩，从某次钱箱收集开始直到下一次收集，记录所有进入钱箱的百元大钞数量以及我们的钞票数量。目前，在赌场的实践是记录各种纸币面额的数量，同时与桌号和班次一起标记。这样，在赌场税收年度的末尾，可以检查某些记录，查看收入是否被隐瞒了。我们的证据是：目前百元钞被拿走的比例，与整体百元钞的数量是成正比的，因此，我们的测试对于该问题是有效的。

现在，广泛认为赌场必然在各种游戏中对玩家拥有一定的优势。举例来讲，在 21 点游戏中，一个典型的玩家长期会把赌注的 3～5 个百分点输给赌场。当然，他一般用自己的钱下几倍的注。因此，他一般会输掉原始赌注上述比例的几倍。在赌场决定隐瞒多少收入，即赢取多少比例的玩家筹码的时候，赌场会进行测算。在 21 点游戏中，估计赌场隐瞒了 20% ～ 30% 的收入，即玩家输掉的钱大约相当于赌场优势的 4 ～ 10 倍。如前所述，这是由于玩家一般会多次下注，因此庄家会多次得到收益。

从以上大致可以看出，为了从若干张 21 点赌桌抽逃 12 万美元（可能每个轮次 5000 美元足够了，这样需要 60 个样本），大约需要消耗 30 000 美元的赌资。但是，我们已经有了制胜策略（同时在理论和赌桌上）[67, 68, 69]，这使得同样使用 30 000 美元，我们可以泵抽取事实上非常多的资金——如果希望，甚至可以是几百万。我们提议赌资是 30 000 美元，它相对于 60 这个小数字，几百个有效样本提供了统计上和法律上的优势。

我们提议，一个团队由 12 个探员组成，有男有女，学习这个策略（两三天的训练已经足够了），系统性并且不引人注目地在各个赌场泵抽资金。在税收年度的末尾，通过检查数百个**赌桌** –

轮次的记录表，就可以知道收入是否被隐瞒了。用这个规模的样本，如果收入被隐瞒了，一定会露出蛛丝马迹。另外，由于那个数钱并且签署表格的人会等在那里直到钱箱打开，他们绝对有隐瞒收入的倾向。这样，就好比一个人被发现有几次暴力前科会比仅仅一次更容易说服陪审团，这时的证据也更有说服力。我们的样本量设计会使得结果"更加"可信。

据我所知，"现金泵抽"行动被锁在联邦政府的抽屉里，但部分赌场仍旧在隐瞒收入，而税务局仍然没有报销我们的调研花销。

第 12 章

科学与运气

大量系统性玩家的出现最终促使了 21 点游戏的重大变化。我们通过讨论内华达赌场如何应付过去 10 年来成功的系统玩家（我们称之为"计牌"玩家，因为他们要计牌），对这些改变有了初步的认识。很多有关这些早期玩家的故事都是不公开记录的，或者只为小圈子的人知晓。这些传奇故事是我在完成了本书提及的制胜策略，并且来到内华达实测以后，才了解到的。

早期的盈利玩家

第一个成功的系统玩家，是一个与众不同、毫无代表性的人物，他是一个叫作"肥约翰"的传奇人物。他又高又胖，得名于每次来赌场都带着一大包肥腻的炸鸡。他最长一口气玩了 20 小时，从不离开桌子一步。赌场给他提供饮料，而他总能从一大包炸鸡中取出无数的食物。很快，大家都知道肥约翰喜欢一个人玩。即使像赌场这样拥挤的地方，他混熟以后想独占一桌也不难。他满嘴粗话，喝酒，只有最强的女汉子才能忍受，后来赌场禁止所有女玩家跟他一桌。

因为肥约翰的手上总是沾满了鸡油，纸牌很快就变得太油，抓起来不舒服。即使纸牌经常更换，其他的男玩家也足以被厚厚的油脂赶走了。

肥约翰日复一日地玩，几个月后，他足够有钱到可以退休了。之后没多久，他心脏病发死了。我们不知道肥约翰是怎么赢的。从现在了解的细节推测，他可能用到了终局玩法。就像之前的章节提到的，终局玩法可以在短时间内获得惊人的收益，尽管玩家可能连基本策略都没有掌握。另外，终局玩法是一个非常自然的想法，容易用经验验证，可能有非常多的玩家已经想到。

对于那些追随"斯米梯系统"（Smitty System）的玩家，我们大部分时间忽略传奇背景中的细节，因为他们传奇经历的一部分就可以用来辨认他们。我们也很遗憾地忽略传奇人物中人情趣味的部分，比如性、恶习、欺骗、滋事。我们必须再次强调，传说是由多个人告诉我的故事组合到一起的产物。但是，故事中的主要部分是可以交叉验证的，而且告诉我故事的人都是直接参与者。所以，我相信这些故事大体上是准确的。

据我所知，第一个应用"计牌"系统并在赌场获得成功的人是本杰明 F. 史密斯（Benjamin F. Smith）（即斯米梯），一个拉斯维加斯赌场的知名人物。Z 先生是我们共同的熟人，他看过斯米梯先生大量的笔记，据他讲，斯米梯在赌场里用了几年时间玩了超过 10 万手牌，来确定在计 10 策略下合适

的停止要牌点数。据 Z 先生描述，这套系统是根据 10 点牌 /
非 10 点牌的比率确定一个大概的停止要牌点数的。但是，
这套系统有一些错误，部分地响了最后的结果。

除了在停止点数上的错误以外，斯米梯系统对于加
倍和分牌也没有详细的策略。综合考虑这些因素，它可
能会将玩家的优势减少 2 到 3 个百分点，更不用说增加
了"等待"时机的小注消耗。因为在有利情况下的优势为
0 ～ 3%，玩家的收益被明显地降低了。玩家要想赢大钱，
只能相对他的资本过度下注（根据比例理论或者"固定比
例"下注法[23, 70, 76]），这大大增加了资金损失的风险，玩
家只能期盼好运气。

斯米梯可能就是这样做的，因为他有很多先赢后输的
例子。Z 先生说他本人就见过斯米梯在一晚上赢了 108 000
美元（对于 500 美元的下注上限，是非常可观的收益），但
到第二天早上，就输光了，连早餐的钱都没剩下。

斯米梯系统最先应用于 20 世纪 50 年代中期。我相信
他的方法是在一个小众的玩家群体中传播的，包括一些老
式玩家，如 F 先生、F 先生的老婆、第 5 章中的 X 先生、
Z 先生，以及之前我们提到过的深色头发的小个子，还有
一个叫朱尼尔（Junior）也叫桑尼（Sonny）的年轻人。

这群玩家在之后的几年中从 21 点赌桌上赚了大把的

钱，没法确定总额到底有多少。不论真伪，小道消息说 F 先生赢了约 50 000 美元，Z 先生赢了约 56 000 美元毛利（后续要跟借款人分账），X 先生赢了 10 万～ 15 万美元。深色头发的小个子可能赢了有 25 万美元。

无论如何，这个团队的成员仅仅在几家赌场、短时间内赢了很多钱。随后赌场判断出游戏被攻破的可能性，禁止他们再来，同时向其他赌场示警。

赌场针对计牌玩家的对策

在此期间，赌场对计牌的玩家采取了现有的或者新发展出来的反制措施。

作弊。我们之前讨论过作弊了。

禁入。赌场可以很容易就禁止某一小群玩家入内，但是这对大批量的玩家就不太可行。对于早期的计牌玩家，其相片可以被送到每一家本地赌场，但是面对上千名玩家，这方法显然不可行。除此之外，尽管某个赌场的员工可以识别一个特定的玩家而阻止他入场，但是对于赌场整体来讲要完全限制很难，因为玩家可以去其他数百家赌场，并且在每家只赢几百美元来降低被怀疑的风险。

很明显，赌场的员工被训练来记忆人脸。朱尼尔（也叫桑尼）告诉我，他在被所有赌场都拒之门外以后，去了一家好莱坞电影片场的化妆室，他花了 500 美元进行了彻底的伪装。根据他脸部的轮廓、肤色和体型，他们决定把他伪装成一个中年的外国人，伪装甚至包括在身上填充了一些材料。某天晚上，他带着漂亮的装扮去到一家赌场，那里有 6 个当值的人认识他。其中 5 个人没有注意到他。没等他玩多久，第 6 个人从吧台逛过来，立刻就认出他来，朱尼亚穿着他心爱的外国人装扮离开了，压在箱底再也不用。

洗牌。频繁洗牌是对付一小群玩家很有效的措施。但是当系统玩家很多时，这样做负面效果就很大。它严重拖慢了游戏的速度，所以赌场赚钱的速度也慢了，并且也会让一些玩家生厌而离开。而且，就像我们在第 9 章中所指出的那样，赌场会担心频繁洗牌的难度。荷官如何判定面对的是不是一个计牌玩家？最好的计牌玩家可以玩得比荷官发牌还快，比绝大多数的玩家更流畅，所以他们可以有精力来伪装一下，还有很多精巧的方法来掩饰不同的下注额（如果有必要的话，下注额的变化可以很小，比如说就 1 到 2 倍）。

进一步的发展

就像我们在第 9 章中提到的，赌场尝试着修改规则然后又放弃了。自动发牌机的效果还有待观察。

在玩家方面也有些新进展。在第 1 版中我们指出有些低成本的小设备可以用来承担算牌的大部分工作，并且应用于多种策略。

有一个叫"击败庄家计算器"的装置，是由汤姆·比恩（Tom Bean）博士在作者的协助下设计出来的。这是一个手掌大小的塑料设备，就像椭圆尺。玩家看到牌以后轻轻拨动一下。这个设备支持一副牌的计 10 策略。一个转盘计 10 点，另一个计非 10 点。玩家的优势实时可读，它也标出了建议的下注倍数。

这个设备可以用来辅助学习计 10 策略。如果玩家想在赌场里面用，可以将其藏在手掌中，通过"触摸"操控，可以感知到的小跳动代表了下注的倍数。玩家可以在不看的情况下控制用来表示每张牌是否是 10 点的小转盘。

计算机与赌场

终极的玩家是高速计算机。在这个方向上迈出第一步的是几年前喷气推进实验室（Jet Propulsion Laboratory）的罗伯特·班福德（Robert Bamford）。班福德设计了一个玩 21 点的"黑盒子"，它是一台分析设备，用来对剩下的牌进行分析。它告诉玩家近似的正确策略和优势比例。牌是通过拨动联动开关输入的。信息的输出是通过按键后反馈的一个表盘。分析计算是基于无限副牌的百家乐矩阵公式的一个近似。我见到的设备是由两个手持收音机大小的盒子用线连在一起的，将其继续缩小到一本书那么大应该是可行的。这个设备可以和玩家用无线电通信，在他查询的时候告诉他怎么做。

班福德试图说服两家赌场让他的机器做测试，但是经过一阵推脱（《帕萨迪纳星报》（*Pasadena Star-News*）报道了此事），测试计划最终流产。

但是，另外一场赌场与计算机的竞赛确实发生了。在 1963 年西部计算机联席会议期间，三个洛杉矶的电脑工程师在纯品康纳酒店进行了尝试。他们三个人在一小时内操控 8 磅[⊖]重的机器 LGP-21。机器采用的方法源自《击败庄家》第 1 版。

在《生活》杂志的保罗·奥尼尔、我和其他许多人的见证下，机器在一小时的比赛中赢了 360 美元。赌注范围介于 2 ～ 42 美元。尽管这几个匆忙的工程师犯了好几个昂贵的错误，机器还是赢了。

⊖   1 磅 = 0.4536 千克。

下一步很明显，计算机可以很容易地被用于探寻最佳玩法。玩家只需要告诉计算机赌场的规则和已经见到的牌，还有洗牌的时间。然后，玩家在输入的后一秒钟，立刻就能知道最好的方案。

技术上，玩家通过无线电与远处进行实际运算的大型计算机通信是可行的。这样的玩家可以比最好的人类玩家快几倍，而且，可以像第 6 章写到的波多黎各的终局玩法那样精确地进行。

如果使用了大型计算机，玩家可以同时玩几局。工业计算机通常都是时间共享的模式：当机器在等待一个问题的更多信息的同时，它用宝贵的时间在计算另一个问题。

科学与运气

概率论起源于 16 世纪和 17 世纪，是由卡尔达诺（Cardano）、帕斯卡（Pascal）结合其他地区的赌博游戏以及相关的调查研究出的：是否有系统性的方法可以击败它们。值得一提的是，这些游戏都是掷骰子游戏的先驱或是近亲。从那时直到现在，一系列数学与物理领域的人物严肃地思考赌博的游戏。（而且经常能对概率论做出重要贡献！）除了卡尔达诺和帕斯卡，早期的学者还有费马（Fermat）、詹姆斯（James）和丹尼尔·伯努利（Daniel Bernoulli）、拉普拉斯（Laplace）和泊松（Poisson）。

20世纪初，伟大的数学家与物理学家亨利·庞加莱（Henri Poincaré）考虑用物理的方法而非数学的方法来预测轮盘赌的结果。他的结论是：根据数学概念上的连续函数的一个定论，这个预测是不可能的。但是，这个概念关系到科学上的一些哲学概念[52, 69-70页, 76-77页]。同样是20世纪初，伟大的英国统计学家卡尔·皮尔逊（Karl Pearson）花费多年分析研究轮盘赌的结果。但是，经过40多年，他好像仍然没有科学的成果能提出制胜系统。

对详细分析21点至关重要的现代高速计算机，在过去的10～15年才被广泛应用。如果没有这样的计算机，本书不可能完成。⊖随着科学家与工程师的快速增加和新的科学工具的出现，人们对战胜赌博游戏的兴趣与日俱增。

在第1版中，我们曾预言针对其他游戏的科学的制胜方法将会出现。出版后仅仅几个月，一队训练有素的玩家跟我一起去了内华达，就带着百家乐跟注的制胜系统[59, 70]。

我们在第一家赌场的七个晚上平均每小时赢100美元。

⊖　我们使用的 IBM 704 高速计算机花费了大约三小时进行计算。它的计算速度比人快几百万倍，而且近乎没有错误。如果只是用桌面计算器进行同样的计算，会花费大约一万个人一年的时间。更强大、更快速的机器目前也面世了。

赌场认输，并禁止我们入内，后来赌场取消了跟注。在第二家赌场，我们加大了赌注，玩了两小时，每小时赢 1000 美元，赌场又对我们禁入。随后跟注在内华达消失了。⊖

艾伦·威尔逊（Allan Wilson）给出了一个有趣的、极具娱乐性的方法来找出有故障的轮盘（"跑偏的"），然后利用漏洞获利[80]。还有几个人（包括我自己）拥有一个方法，不管轮盘是否有问题，都可以战胜它！

我在一间世界知名的科学家实验室中用一个常规的轮盘玩轮盘赌。我们用的方法可以稳定地获利 44%。在一小时测试中，每手下注不超过 25 美元，我们赢到了不可思议的 8000 美元！目前该方法还有些电子方面的问题，还不能大规模应用于赌场。（有几次我通过它把两三个分币突然变成了一堆美元，感觉爽呆了。）

这方法是有效的，隐藏于其后的发现与发展的故事很长，也很有趣。如果几年以后，掌握该方法的人真正从赌场里赢到大钱就更有趣了。

纸牌游戏可能比其他任何游戏都获得了更多的数学研究。通过对游戏做深入的理论研究，应该可以找到比现在的任何专家用的方法都更为优越、可行的策略。

⊖ 本书在写作时，拉斯维加斯的旋转木马酒店在尝试一种改良的、安全的跟注模式。

股票市场

地球上最大的"赌博"游戏几乎每天都在证券交易所内进行。每个交易日，顾客下的赌注大约是 2.5 亿美元。一年的流水超过 600 亿美元。这个"赌博"游戏有两个优点：第一，它被假定可以给公司提供金融资助（当股票第一次上市销售的时候）。第二，股票的平均"价值"比起 19 世纪有明显的上升。所以，这个游戏对玩家"平均"来讲有一点"优势"。⊖

赌场与证券交易所的相似之处是显而易见的。客户经纪人就是赌场管理员，佣金就是赌场的利润，交易大厅就是赌场本身，股票交易和自动收报机就是博彩道具，迷信、没有根据的口号和华尔街的谚语就是赌场里的行话"骰子很热"。

做一个很好的类比，股票显示了其与赌场中基于概率的赌具，拥有相同的关于随机的数学统计特性[7]。但是有些特性已经被发现。为了说服你自己股票的价格存在规律，拿起明天早上的报纸（我确信你现在还没有看到），你可以看到股票的价格是以一个整数加一个分数的方式给出的，

⊖ 这里使用引号是因为我是用熟悉、含义广为人知的词来大致表达其他含义的。对这些含义的精确解释我曾经仔细思考过，但过于复杂和冗长，在此不做讨论。

例如 $23\frac{1}{8}$。现在浏览页面中的数字，把小数合起来。你会发现整的数字最常出现，然后是 1/2，再然后是 1/4，1/8 最少见（我忽略 1/16）。不仅整个市场指数尾数有这个特性，每个股票都有自己的关于小数的统计规律。

许多团队都在对股票市场进行数学分析。利用先进的计算机与数学理论，我们可以期望在预测股价方面取得巨大进展。（不幸的是，这里不便展示我和其他人得到的详细成果。）

未来

在 20 世纪的最后一段时间里，有许多科学的，尤其是数学的方法应用于之前被称为"运气"的预测。我们已经付诸了一些努力，其核心思想在本书中进行了介绍。但是，许多可能性超越了我们现阶段的想象力，我热切地期盼它们的到来。

拾遗

英格兰的 21 点

本书中描述的制胜策略对于英格兰的 21 点游戏是完全适用的。下面详细的讨论告诉我们，在拉斯维加斯和波多黎各成功的方法在英格兰也同样适用。对于英格兰读者和去英格兰旅游的读者，这部分讨论会很有趣。对于那些希望检验其对表 9-2 的理解和对规则变种的应用的一般读者，这部分也会很有意思。表 9-2 中进行的计算可能会与本章内容有稍许不同，因为我引入了一些修正，对此我进行了标注。

下述是三家伦敦大型博彩俱乐部的规则和惯例，是由英格兰的一位读者整理给我的，后面有我的分析和评语。第 2 章给出了"典型"的规则和惯例，相对"典型"规则的例外则特别标注。

在每种情况下，除了庄家，每桌有 1 ～ 6 位玩家，用 4 副牌，从发牌盒发出。（4 副牌对于玩家不利。）

赌场 1

规则：

（a）没有曝光牌。

（b）最小赌注是 1 英镑，最大赌注是 50 英镑。

（c）除了一张庄家牌，所有牌都是面朝上发出的。（这在计牌中是有帮助价值的。)

（d）玩家分牌后，如果再拿到一张相同点数的牌，就允许再分牌。（这提高了玩家的优势。）

（e）保险数额的上限是玩家的初始赌注，而不是初始赌注的一半。（这对系统玩家非常有利。当保险是有利可图的时候，计牌玩家应该用全额下注买保险。）

惯例。庄家永远发到（甚至包括）最后一张牌。（这对于计牌玩家极其有利。另外，终局玩家也可以获得巨大优势。在这种规则下，没有赌场可以长时间对阵专业玩家。）

结论。基本策略玩家有 0.27% 的劣势。平均水平或者稍好一点的系统玩家可以比典型胜率高一些（假设他利用了终局玩法带来的优势）。

赌场 2

规则：

（a）见赌场 1（a）。

（b）最小赌注是 5 便士，最大赌注是 50 英镑。

（c）见赌场 1（d）。

（d）分牌以后，不允许加倍。（这降低了玩家的优势。）

（e）只有在硬 9，10，11 点和软 19，20，21 点时，才

允许加倍。（这降低了玩家的优势。）

（f）在 9 点时加倍，并且再拿到一张 2 的话，可以再抽一张牌。（这提高了玩家的优势。正确的策略应该在 9 点时更频繁地加倍，不过这个调整可以被忽略。）

惯例。见赌场 1。

结论。基本策略玩家有 0.60% 的劣势。平均水平或者稍好一点的系统玩家可以比典型胜率高一些（假设他利用了终局玩法带来的优势）。

赌场 3

规则：

（a）最小赌注是 10 便士，最大赌注是 50 英镑。

（b）所有牌都是面朝上发出的。庄家直到玩家要牌以后才拿第二张牌。如果遇到庄家的天成，玩家只输掉在分牌和 / 或加倍时增加的赌注。（这对玩家是部分不利的[一]。当庄家明牌是 A 或者 10 点时，玩家对于加倍和分牌要格外谨慎。）

（c）如果庄家是软 17 点，他可以要牌或者停止要牌，在他看了玩家的牌以后，由他任意选择。（这对玩家非常不

[一] 此处似乎有误，应为"对玩家部分有利"。——译者注

利，因为庄家可以根据看到的牌做出非常有利于他的决策。他的具体收益无从获知。）

（d）对一对A分牌的玩家，如果再拿到A，可以继续分牌，但他可能不会进一步分牌了。（这对玩家有利。）

（e）如果玩家对一对10分牌，然后其中一手拿到A，这算作天成。但是如果对一对A分牌，而拿到一张10，则仅仅算作21点。（这个变种对玩家有利。面对一对10要比一般情况下更多地分牌。）

（f）见赌场2（e）

（g）见赌场1（e）

惯例。庄家在发牌机（"牌靴"）大约还有20张牌的时候，进行洗牌。（从我的经验看，不是太严格。）有时候，这个赌场在上述提到的点数下，任意牌数量的时候，都允许加倍。玩家在加倍以后的总点数是硬10点、硬11点、软20点或者21点时，允许再次加倍，拿第4张牌。最后，庄家发到最后一张牌。

结论。基本策略玩家有0.61%或者更多一点的劣势。平均水平或者稍好一点的系统玩家可以赢，但是可能只有典型优势的一半或者更少。

用以上方法，读者可以在表9-2的协助下分析任何赌场。

一副牌游戏的基本概率

对于本附录的理解不影响对于本书其他部分的阅读。我们加入这部分是为了照顾对于数学很感兴趣的读者。

本附录中的表是基于一副完整牌游戏的计算结果得到的。这样的结果，包括表4-1中描述的每组每副牌的结果，用于构建本书中的21点理论。由于数据量十分巨大（最终结果足以填满几本书），我们只能限制展示一副完整牌的结果，并且还只是抽取的其中一部分结果。因为在我们的讨论和应用过程中，我们只需要不超过三位小数的结果，这里给出的表只保留三位小数。

对所有的数字可以这样解读：虽然小数点被省略了，但我们假设左边有一个小数点。例如，-039解读为-0.039。

我们再次强调，附录中的数字是基于一副完整牌和第3章中的规则计算的，这些规则包括庄家在软17点停止要牌的规则。因为随着各种条件的变化，这些数字会显著变化，所以任何基于本附录的推理，都只适用于提及的那一种情况。但是，这些推理给出了多副牌或者不同规则情况下的大致结果。

为了确定玩家策略，我们数字中的错误可能会导致错误，但是仅仅在决策很接近的时候。在那种情况下，由错误的策略导致的误差也非常小，加上相近决策发生的概率极低，这种情况引起的玩家优势的误差会非常小。这对于实际计牌是一个优点。大致来讲，一些相近的决策，例如在面对庄家10点时，硬16点是否要牌，取决于组成16点的牌型。举例来说，持有（10，4，2）时，玩家应该停止要牌；而持有（10，6）时，玩家应该要牌。如果16点由若干小牌组成，则决策是比较清楚的。例如，如果持有（4，4，4，4），朱利安·布劳恩表示玩家在面对10点时要牌的劣势是精确的（！）6.382%，相比较而言，面对10点时持有2张牌的硬16点的优势则是2.9%（如果（8，8）时分牌，优势是3.2%）。

大家会试图通过计算硬16点时每种组合的情况得到优势和劣势，从而改进基本策略。这样，玩家需要查看一张组合表，看是否要牌。这种太细节的改进是不切实际的，因为表太过巨大（会有几百行），从而使得玩家不会去记忆和使用它，而且净收益非常小。

但是，在游戏过程中与10点策略的连接的确考虑了玩家抽到的牌的组合。这没有上述策略这么精细，因为这里只把牌分成策略的两大类，即10点和非10点。但是，这些区分获得了很多（甚至是大部分）利润。

表1给出了庄家在每张可能明牌下最后成牌时的点数的概率表。表中的每一行数字相加并不一定是1，这是因

为有很小的四舍五入和近似误差。误差不超过 10^{-4}，因此从实用的角度，我们就忽略这个误差。每列之和与总概率有一定的差异，因为原始的表有 5 位小数，在对列求和的过程中取了近似值。

表 1　庄家的概率

庄家明牌	总体概率						
点数	17	18	19	20	21	天成	爆掉
2	1390	1318	1318	1239	1205	……	3530
3	1303	1309	1238	1233	1160	……	3756
4	1310	1142	1207	1163	1151	……	4028
5	1197	1235	1169	1047	1063	……	4289
6	1670	1065	1072	1007	0979	……	4208
7	3723	1386	0773	0789	0730	……	2599
8	1309	3630	1294	0683	0698	……	2386
9	1219	1039	3574	1223	0611	……	2334
10	1144	1129	1147	3289	0365	0784	2143
A	1261	1310	1295	1316	0516	3137	1165
庄家合计 点数	1458	1381	1348	1758	0736	0483	2836

如果我们假设对手全部爆掉的话，庄家还是会抽牌，那么这个表显然也是成立的。在一个正常的游戏中，庄家一般不会这么做。

从现在开始，所有表的计算都基于这样的假设：庄家没有天成。

为了说明如何应用表 2a，假设你持有硬 12 点，庄家明牌是 2。如果你决定要牌而不是停止，你的收益是

0.038。这意味着平均来讲，在大量的这种情况下，如果你持有硬 12 点面对明牌 2 点，总是要牌而不是停止，你会得到大约 3.8% 的初始赌注额的额外收益。如果表中的格子是正数，玩家应该要牌而不是停止。相反地，如果一个格子是负数，玩家应该停止而不是要牌。审视这张表立刻可以得知硬点停止点数。事实上，正是从这张表得到了硬点停止点数。

表 2a 在不同硬点数下玩家总是要牌而不停止的收益

庄家明牌点数	玩家的总硬点数								
	12	13	14	15	16	17	18	19	20
2	038	−016	−077	−141	−171	−383	−753	−1.135	−1.474
3	013	−045	−117	−179	−212	−417	−775	−1.096	−1.482
4	−017	−086	−158	−222	−258	−467	−761	−1.116	−1.491
5	−046	−117	−191	−260	−297	−448	−793	−1.157	−1.519
6	−025	−094	−167	−233	−220	−470	−853	−1.190	−1.542
7	209	166	114	119	110	−331	−957	−1.308	−1.608
8	189	148	145	108	102	−079	−657	−1.274	−1.626
9	141	145	103	062	055	−114	−400	−964	−1.586
10	156	119	075	038	029	−148	−471	−813	−1.420
A	246	221	186	159	146	−089	−554	−1.050	−1.533

相同的方法也适用于表 2b，除了该表给出的是软点停止点数。

表 2b 在不同软点数下玩家总是要牌而不停止的收益

庄家明牌点数	玩家的总软点数			
	17	18	19	20
2	141	−072	−285	−470
3	132	−074	−251	−453

（续）

庄家明牌点数	玩家的总软点数			
	17	18	19	20
4	118	−048	−233	−430
5	141	−046	−236	−419
6	131	−067	−242	−418
7	152	−230	−388	−528
8	319	−071	−442	−608
9	270	092	−280	−660
10	233	045	−157	−547
A	291	−001	−303	−614

这里有两种极端的相近决策，表 2a 和表 2b 中各有一种。在表 2a 中，玩家持有两张牌组成的硬 16 点面对 10，停止要牌会输，在这种情况下，平均劣势大约是 2.9%。（持有（10，6）时，劣势是 3.8%；持有（9，7）时，劣势是 0.8%；持有（8，8）时，劣势是 0.9%。用概率表中的 16 : 4 : 3 将三种情况组合起来，得到 2.9% 的劣势。如果在（8，8）时分牌，从而不包括进去，那么这个数字是 3.2%。）

在表 2b 中，玩家在软 18 点面对 A 时，要牌而不停止，损失大约为 0.1%。一些我认识的玩家试图用经验求解 21 点，即他们玩几百几千手牌，然后记录结果，从而决定对于不同的明牌，哪个是正确的停止要牌点数。正如预期，在非常接近的决策上，这些玩家站成两派，各执一词。

表 3 是从表 1 中直接计算而来的，如下所示。假设玩家持有总点数 19，面对庄家明牌 6，玩家的优势是庄

家最后拿到更差总点数（18，17 或者爆掉）的概率和，
0.1065+0.1670+0.4208 = 0.6943，减去庄家拿到更好点数
（20 或者 21）的概率和，0.1007+0.0979 = 0.1986。差值为
0.6943−0.1986 = 0.4957，保留 3 位小数以后就是 0.496，
写在表 3 的对应格子内。

表 3　玩家在不同点数停止的收益

庄家明牌点数	玩家的总点数					
	16	17	18	19	20	21
2	−294	−155	116	379	635	879
3	−249	−119	143	397	644	884
4	−194	−063	182	417	653	885
5	−142	−023	221	461	683	894
6	−159	009	282	496	704	902
7	−480	−108	403	619	775	927
8	−523	−392	102	594	792	930
9	−533	−411	−185	276	756	939
10	−535	−411	−164	083	564	960
A	−660	−477	−102	278	658	925

　　正如我们前面提到的，在表 3 中，我们假设庄家没有
天成。在这种情况下，玩家拿到天成总是可以赢初始赌注
的 1.5 倍，即他的优势用我们的术语表示就是 150%。因
此，在这里就没有必要列出这种情况。

　　表 4 给出了在假设玩家采用正确的停止要牌点数时
（从表 2a 和 2b 中推导），玩家所有的暗对子面对庄家明牌
时的优势。然后，如果玩家加倍的话，他的优势也被列出

了。最后，当一对暗牌数值相同时，表 4 也给出了此时玩家的优势，这时玩家分牌，然后从加倍、要牌和停止要牌中选择最有利的决策。这张表被分成 10 个主要的部分，每个对应一种庄家明牌的情况。

对于庄家明牌的基本策略可以从表中推导出来，如下所述。首先，假设暗牌形成一个对子，比较玩家分牌、加倍以及要牌的优势。如果分牌带来的优势大，就分牌。否则，他应该看优势选择加倍或者要牌 / 停止要牌。举例来讲，玩家持有（4，4）面对庄家 10，分牌给出的优势是 −0.552；加倍带来的优势是 −0.739；要牌或者停止要牌，用硬 16 点和软 19 点停止要牌，给出的优势是 −0.241。因为最后一个数字是三者最佳，所以要牌和停止是最佳选择。因此，在这种情况下，玩家不应该加倍或者分牌。

如果玩家的暗牌是（A，2），与（2，A）相同，所以，两者中只需要一个出现在表中。这样，表 4 是以对角三角形的形式出现的。

表 4 进一步用点画出一条分水岭来表示基本策略。在讨论基本策略分牌决策的时候，我们说过，如果一对 A 不分牌，那么这手牌"只能加倍、要牌或者停止要牌"，但分牌给了我们一个绝佳的机会赢牌。表 4 给出了大部分最佳收益情形的二元选择：加倍或者要牌 / 停止要牌的精确优

势数值。我们看到，数字在 0 附近浮动，一些是正的，一些是负的。但是，表中显示，对 A 分牌，对应的优势一般是显著的正数。类似地，面对 7 到 A 时，简单地将一对 8 分牌，就是把一手烂牌切分成两手平均牌，（大致）是被经验证实的好选择。

对于一副完整牌，表 4 用于计算玩家对于庄家各种明牌的优势，由此可以得到玩家的总体优势。对于多副牌，类似的结果也可以从合适的数据里面计算出来。这部分结果在表 4-1 和表 9-2 中列出。这也给出了一些线索和启发，告诉我们在牌的组成或者规则有变化时，表中的数字会如何变化。

表 4a　庄家的明牌是 10①

		A	2	3	4	5	6	7	8	9	10
要牌或停止	A	-0470									
	2	-0889	-2756								
	3	-1236	-3078③	-3436③							
	4	-1704	-3090	-3348	-2410						
	5	-2234	-3451	-2509	-1381	0378					
	6	-1887②	-2503②	-1411②	0344②	1133	-3866②				
	7	-1387	-1541	0296	1096	-3846	-4503②	-5097④			
	8	0643	0305②	1092	-3859	-4464	-4648②	-4748	-5118②		
	9	5546	1038	-3885	-3987	-4531	-5098②	-5120②	-3907	-1333	
	10	1.5000	-3466	-3931	-4458	-5011	-5069②	-4123	-1552	1025	5832
加倍	A	-4683									
	2	-4790	-1.0943								
	3	-4796	-1.0928	-1.0713							
	4	-4963	-1.0731	-9555	-7390						
	5	-5367	-9552	-7380	-4384	0180					
	6	-4328	-7452	-4446	0112	1707	-8038				
	7	-3213	-4355	0145	1710	-7906	-9083	-1.0347			
	8	-2244	0060	1623	-8059	-9096	-9363	-9496	-1.0235		
	9	-0520	1428	-8211	-8189	-9111	-1.0239	-1.0240	-1.1163	-1.2489	
	10	1391	-7391	-8111	-8993	-1.0022	-1.0139	-1.1134	-1.2456	-1.4201	-1.6739
分牌		1942	-499	-498	-552	-648	-647	-606	-447	-265	033

注：MH = 16，MS = 19。
①MH = 最小硬点停止点数。
　MS = 最小软点停止点数。
②MH = 17。
③MS = 18。
④MH = 14。

表4b　庄家的明牌是9

玩家的底牌

		A	2	3	4	5	6	7	8	9	10
要牌或停止	A	-0027									
	2	-0141	-2225								
	3	-0600	-2625	-3100							
	4	-1134①	-3046	-3039①	-2044①						
	5	-1668	-2840①	-2171①	-0511①	1204①					
	6	-1347	-2084	-0511	1174	1517	-3862				
	7	-0870	-0524	1176	1495	-3896	-4185	-4746			
	8	2880	1205	1392	-3949	-4134	-4372	-4432	-4871		
	9	7656	1425	-3922	-3652	-4259	-4797	-4820	-4116	-1964	
	10	1.5000	-3444	-3588	-4135	-4753	-4793	-4161	-1961	2643	7440
加倍	A	-4206									
	2	-3727	-1.0469								
	3	-3935	-1.0659	-1.0653							
	4	-4218	-1.0453	-9462	-7011						
	5	-4520	-9263	-7029	-2790	1746					
	6	-3452	-6916	-2897	1646	2399	-8174				
	7	-2545	-2741	1537	2247	-8260	-8694	-9782			
	8	-0602	1744	2152	-8337	-8476	-8879	-8936	-9742		
	9	1105	2138	-8404	-7587	-8598	-9668	-9641	-1.0638	-1.1895	
	10	2165	-7455	-7521	-8394	-9519	-9586	-1.0529	-1.1864	-1.3956	-1.6841
分牌		2898	-373	-395	-459	-560	-542	-535	-383	-093	172

注：MH = 17, MS = 19。
① MH = 16。

表 4c 庄家的明牌是 8

玩家的底牌

		A	2	3	4	5	6	7	8	9	10
要牌或停止	A	0930									
	2	0391	−1410								
	3	0350	−1808	−2311							
	4	−0355	−2342	−2284	−0548						
	5	−0843	−2178	−0570	1081	2075					
	6	−0649	−0559	1175	2075	2297	−3217				
	7	1209	1076	2171	2217	−3210	−3944	−4079			
	8	6078	2073	2203	−3192	−3868	−3691	−3796	−4263		
	9	7848	2153	−3161	−3389	−3701	−4207	−4278	−4149	0645	
	10	1.5000	−2745	−3282	−3574	−4180	−4248	−3942	0955	5768	7832
加倍	A	−2956									
	2	−3124	−1.0298								
	3	−2542	−1.0254	−9997							
	4	−3141	−1.0231	−8486	−4471						
	5	−3326	−8535	−4282	0007	3229					
	6	−2297	−4371	0142	3172	3657	−7144				
	7	−0153	0074	3269	3402	−7112	−8429	−8579			
	8	1902	2945	3300	−7193	−8291	−7746	−7774	−8526		
	9	2298	3277	−7037	−7241	−7619	−8556	−8556	−9506	−1.1325	
	10	3327	−6259	−7056	−7393	−8442	−8496	−8497	−1.1303	−1.3947	−1.6854
分牌		4065	−192	−244	−291	−391	−374	−378	−059	−207	345

注：MH = 17，MS = 18。

表 4d　庄家的明牌是 7

玩家的底牌

		A	2	3	4	5	6	7	8	9	10
要牌或停止	A	1584									
	2	1073	-0918								
	3	0604	-1192	-1645							
	4	0337	-1639	-0706	1106						
	5	-0238	-0674	0926	2013	2786					
	6	0596	0918	1977	2856	2974	-2077				
	7	4120	1836	2772	2938	-2582	-3307	-3892			
	8	6145	2676	2918	-2456	-3275	-3485	-3241	-3736		
	9	7732	2889	-2471	-2741	-3480	-3632	-3750	-1229	4011	
	10	1.5000	-2120	-2704	-3422	-3645	-3762	-1213	3887	6101	7647
加倍	A	-1370									
	2	-1572	-9421								
	3	-1745	-9378	-8712							
	4	-1409	-8703	-5426	-1084						
	5	-1891	-5672	-1323	1905	4663					
	6	0142	-1481	1757	4754	5005	-5985				
	7	2402	1600	4447	4874	-5852	-7141	-8230			
	8	3253	4166	4726	-5636	-7065	-7346	-6660	-7471		
	9	3513	4554	-5788	-6001	-7276	-7446	-7499	-8976	-1.1321	
	10	4676	-4958	-5830	-7068	-7363	-7524	-9039	-1.1345	-1.3971	-1.6860
分牌		5407	-006	-068	-160	-228	-228	-056	-259	-364	478

注：MH = 17，MS = 18。

表 4e　庄家的明牌是 6

玩家的底牌

		A	2	3	4	5	6	7	8	9	10
要牌或停止	A	1996									
	2	1685	0320								
	3	1472	0192	0139							
	4	1203	0141	0592	1753						
	5	1159	0696	1637	2633	3618					
	6	1332	1321	2313	3316	3807	−1652				
	7	2622	2097	3180	3657	−1435	−1697	−1742			
	8	4824	3075	3561	−1473	−1460	−1723	−1770	−1782		
	9	6942	3458	−1538	−1514	−1501	−1765	−1796	−0114	2652	
	10	1.5000	−1604	−1578	−1554	−1542	−1790	−0113	2681	4841	6974
加倍	A	2479									
	2	2302	−2490								
	3	2218	−2438	−2145							
	4	2007	−2150	−0569	1932						
	5	2167	−0610	1899	4433	7236					
	6	2665	1242	3792	6633	7614	−3871				
	7	3849	3574	6361	7315	−3577	−5613	−7339			
	8	4826	6151	7122	−3682	−5352	−6465	−7242	−7934		
	9	5598	6916	−3876	−4563	−6175	−8018	−7944	−9676	−1.1734	
	10	6822	−3189	−4578	−6162	−7746	−7926	−9667	−1.1722	−1.4140	−1.6900
分牌		7583	240	220	183	131	151	220	356	437	543

注：MH = 12，MS = 18。

表 4f 庄家的明牌是 5

玩家的底牌

		A	2	3	4	5	6	7	8	9	10
	A	1820									
	2	1587	0359								
	3	1366	0215	0083							
要	4	1078	0089	0490	1539						
牌	5	0821	0568	1411	2464	3473					
或	6	1400	1306	2350	3388	3936	-1022				
停	7	2223	1955	3075	3617	-1234	-1288	-1555			
止	8	4608	2960	3495	-1308	-1283	-1338	-1605	-1654		
	9	6821	3398	-1368	-1339	-1314	-1369	-1636	-0444	2029	
	10	1.5000	-1440	-1412	-1382	-1357	-1412	-0432	2023	4478	6737
	A	2157									
	2	2123	-2140								
	3	2036	-2085	-1840							
	4	1750	-1855	-0614	1623						
加	5	1482	-0703	1550	4150	6947					
倍	6	2800	1306	3916	6776	7873	-3247				
	7	3491	3321	6150	7234	-3555	-5381	-7407			
	8	4530	5920	6991	-3732	-5400	-6344	-7462	-9058		
	9	5362	6796	-3932	-4641	-6277	-8041	-9041	-9852	-1.1806	
	10	6630	-3271	-4706	-6293	-7992	-8884	-9849	-1.1815	-1.4175	-1.6912
分牌		7322	239	228	197	133	172	220	312	415	521

注：MH=12, MS=18。

表 4g　庄家的明牌是 4

		A	2	3	4	5	6	7	8	9	10
						庄家的底牌					
要牌或停止	A	1421									
	2	1102	−0348								
	3	0908	−0410	−0474							
	4	0614	−0552	−0166	0978						
	5	0380	−0103	0866	1896	2949					
	6	0773	0811	1860	2928	3520	−1519				
	7	2040	1676	2852	3425	−1546	−1584	−1640			
	8	4155	2525	3126	−1829	−1813	−1841	−1896	−2153		
	9	6539	3000	−1913	−1885	−1859	−1886	−1942	−0844	1670	
	10	1.5000	−1940①	−1971	−1934	−1907	−1935	−0644	1642	4041	6448
加倍	A	1366									
	2	1151	−3840								
	3	1091	−3517	−3022							
	4	0849	−3237	−1777	0441						
	5	0626	−1946	0411	2970	5898					
	6	1545	0233	2896	5855	7039	−3802				
	7	3127	2718	5704	6851	−3836	−5514	−7376			
	8	3731	5049	6252	−4281	−5836	−6751	−7601	−9223		
	9	4592	6001	−4510	−5086	−6710	−8392	−9059	−1.0823	−1.1940	
	10	5951	−3879	−5159	−6729	−8360	−9091	−1.0702	−1.1946	−1.4234	−1.6926
分牌		6686	112	102	076	014	047	103	215	320	444

注：MH = 12，MS = 18。
① MH = 13。

表 4h　庄家的明牌是 3

		A	2	3	4	5	6	7	8	9	10
						玩家的底牌					
要牌或停止	A	1203									
	2	0705	-0818								
	3	0442①	-0983	-1182							
	4	0234①	-1062①	-0815①	0288①						
	5	-0019①	-0615①	0194①	1411①	2548①					
	6	0369①	0238①	1389①	2504	3147①	-2111①				
	7	1668	1308	2461①	3056①	-2124①	-2148	-2194			
	8	4198	2412①	2952①	-2202①	-2167	-2202	-2239	-2284		
	9	6441	2690①	-2557	-2460	-2436	-2460	-2497	-1207	1225	
	10	1.5000	-2193	-2657	-2509	-2474	-2499	-1190	1444	3835	6361
加倍	A	0549									
	2	0284	-5015								
	3	0108	-4970	-4721							
	4	0026	-4455	-3237	-0825						
	5	-0192	-3107	-0832	1956	5096					
	6	0739	-0783	1892	5009	6294	-4443				
	7	1889	1946	4921	6111	-4439	-6081	-7765			
	8	3460	4825	5904	-4595	-6112	-6939	-7626	-8999		
	9	3922	5380	-5114	-5607	-7121	-8646	-9180	-1.0710	-1.2766	
	10	5363	-4386	-5664	-7114	-8595	-9228	-1.0728	-1.2673	-1.4251	-1.6926
分牌		6128	024	-031	-048	-104	-069	-020	132	242	383

注：MH = 13, MS = 18。
① MH = 12。

表 4i 庄家的明牌是 2

玩家的底牌

		A	2	3	4	5	6	7	8	9	10
要牌或停止	A	0948									
	2	0392	-1132								
	3	0169	-1314	-1530							
	4	-0117	-1507	-1230	-0126						
	5	-0317	-0994	0165	0933	2238					
	6	0017	0130	0921	2175	2840	-2527				
	7	1358	0835	2144	2723	-2526	-2651	-2684			
	8	4016	2130	2682	-2598	-2650	-2679	-2721	-2749		
	9	6559	2636	-2663	-2858	-2694	-2734	-2766	-1366	1370	
	10	1.5000	-2434	-3042①	-3102	-2948	-2977	-1582	1188	3848	6272
加倍	A	-0193									
	2	-0420	-5816								
	3	-0468	-5866	-5675							
	4	-0700	-5602	-4291	-1846						
	5	-0819	-4018	-1678	1135	4464					
	6	0133	-1628	1118	4322	5672	-5054				
	7	1276	1174	4260	5417	-5053	-6639	-8128			
	8	2372	4245	5336	-5197	-6626	-7252	-7808	-9082		
	9	3798	5248	-5325	-5860	-7179	-8605	-9120	-1.0603	-1.2550	
	10	4870	-4868	-6084	-7376	-8724	-9308	-1.0769	-1.2651	-1.4993	-1.6933
分牌		5657	-047	-116	-156	-193	-165	-105	064	188	331

注：MH = 13，MS = 18。
① MH = 14。

表 4j 庄家的明牌是 A

玩家的底牌

		A	2	3	4	5	6	7	8	9	10
要牌或停止	A	-0307									
	2	-0678	-2589								
	3	-1006	-2916	-3340							
	4	-1539	-3349	-3450	-2090						
	5	-2061	-3311	-2171	-0702	0906					
	6	-1999①	-2258	-0785	0815	1729	-3862				
	7	-1010	-0828	0868	1713	-3768	-4434	-4947			
	8	2897	0864	1709	-3749	-4330	-4534	-4557	-4949		
	9	6807	1696	-3745	-3831	-4412	-4958	-4955	-4519	-0552	
	10	1.5000	-3489	-3925	-4450	-4987	-5088	-4670	-0820	3077	6501
加倍	A	-5988									
	2	-5933	-1.3201								
	3	-5958	-1.3188	-1.2982							
	4	-6199	-1.2957	-1.1264	-1.2982						
	5	-6561	-1.1252	-7940	-1.1264	0551					
	6	-5272	-7991	-4013	0486	2402	-8346				
	7	-3578	-4021	0402	2220	-8375	-9372	-1.0294			
	8	-1921	0251	2057	-8467	-9309	-9418	-9280	-9898		
	9	-0407	1889	-8582	-8380	-9206	-1.0084	-9910	-1.0892	-1.2497	
	10	1452	-8109	-8590	-9316	-1.0129	-1.0175	-1.1116	-1.2664	-1.4853	-1.7664
分牌		2239	-422	-465	-527	-613	-617	-613	-363	-113	097

注：MH = 17，MS = 18。
① MS = 19。

参 考 文 献

[1] ASHBAUGH, DON, "Game for Gaming," *Las Vegas Review Journal* (Sunday Feature Section), December 25, 1960, pp. 20, 22.

[2] BALDWIN, ROGER; CANTEY, WILBERT; MAISEL, HERBERT; and McDERMOTT, JAMES, "The Optimum Strategy in Blackjack," *Journal of the American Statistical Association*, Vol. 51, 429–439 (1956).

[3] ————, *Playing Blackjack to Win; A New Strategy for the Game of 21* (M. Barrows & Co., Inc., New York, 1957).

[4] *Boston Globe,* January 24, 1961, pp. 1, 11.

[5] CARDANO, GEROLAMO, *Book on Games of Chance* (written about 1520 and first published in 1663). Translated by SIDNEY H. GOULD (Holt, Rinehart and Winston, Inc., New York and San Francisco, 1961).

[6] *Columbus Dispatch,* January 30, 1961, p. 1-B.

[7] COOTNER, PAUL H., ed., *The Random Character of Stock Prices* (M. I. T. Press, Cambridge, Massachusetts).

[8] CRAWFORD, JOHN R., *How to Be a Consistent Winner in the Most Popular Card Games* (Doubleday and Co., Inc., New York, 1953).

[9] CULBERTSON, ELY; MOREHEAD, ALBERT; MOTT-SMITH, GEOFFREY, *Culbertson's Card Games Complete, with Official Rules* (The Greystone Press, New York, 1952).

[10] DARVAS, NICHOLAS, *Wall Street, The Second Las Vegas* (Stuart, Lyle, New York, 1962).

[11] FELLER, WILLIAM, *An Introduction to Probability Theory and Its Applications,* Vol. I, Second Edition (John Wiley & Sons, Inc., New York, 1957).

[12] FOX, PHILLIP G. (as told to STANLEY FOX), "A Primer for Chumps," *Saturday Evening Post,* November 21, 1959, pp. 31ff.

[13] FREY, RICHARD L., *According to Hoyle* (Fawcett Publications, Inc., Greenwich, Conn., 1956).

[14]   FURST, DOCTOR BRUNO, *The Practical Way to a Better Memory* (Fawcett Publications, Inc., Greenwich, Conn., 1957).

[15]   GARCIA, FRANK, *Marked Cards and Loaded Dice* (Prentice-Hall, Inc., New York, 1962).

[16]   GOODMAN, MIKE, *How to Win at Cards, Dice, Races and Roulette* (Holloway House Publishing Co., Los Angeles, 1963).

[17]   GREENSPUN, HANK, "Where I Stand," *Las Vegas Sun,* January 26, 1962, p. 1.

[18]   HUFF, DARRELL, *The Mathematics of Sex, Gambling and Insurance* (Harper & Brothers, New York, 1959).

[19]   JONES, JACK, *Golden Nugget Gaming Guide* (Silver State Publishing Co., Las Vegas, 1949).

[20]   JONES, STRAT (AP), "Thorp's Book Brings About Vegas Shakeup," *Las Cruces Sun-News,* April 3, 1964, p. 1.

[21]   KATCHER, LEO, *The Big Bankroll; the Life and Times of Arnold Rothstein* (Harper & Brothers, New York, 1959).

[22]   K. C. Card Co., *Forty-second Anniversary Blue Book,* 1960, Chicago, 1959.

[23]   KELLY, J. L., "A New Interpretation of Information Rate," *IRE Transactions on Information Theory,* Vol. IT-2, No. 3, September, 1956. *Bell System Tech. J.,* Vol. 35, 917–926 (1956).

[24]   *Las Cruces Sun-News,* "Mobster Swears Gang Boss Has Interests in Las Vegas," October 1, 1963, p. 1.

[25]   *Las Vegas Review-Journal,* "Silver Slipper Raided," April 4, 1964, p. 1.

[26]   *Las Vegas Review-Journal,* "State Casinos Change Rules on '21' Games," April 2, 1964, p. 1.

[27]   *Las Vegas Sun,* January 25 and 27, 1961.

[28]   *Las Vegas Sun,* "U.S. to Smash Mob-Ruled LV Casinos," January 29, 1962, p. 1.

[29]   LEWIS, OSCAR, *Sagebrush Casinos: The Story of Legal Gambling in Nevada* (Doubleday & Co., Inc., New York, 1953).

[30]   *Life,* "Senators Survey Low-Belly Strippers," September 1, 1961, p. 39.

[31]   *Los Angeles Herald Examiner,* "Can YOU Beat Blackjack?" June 10, 1962, p. H1.

[32]   *Los Angeles Herald Examiner,* "Crooked Dice Charge; Vegas Casino Closed. First Case of Cheating in Nevada (*sic*),"

April 4, 1964, p. 1.

[33] *Los Angeles Times,* "Federal Extortion Case May Link Las Vegas Gambling to Underworld," February 6, 1964, p. 1.

[34] *Los Angeles Times,* "Vegas Casinos Cry Uncle, Change Rules," April 2, 1964.

[35] MACDOUGALL, MICHAEL, "Even 'Honest' Vegas House Cheats," *Sunday Star-Ledger,* Newark, New Jersey, December 2, 1962, p. 35.

[36] ————, *MacDougall on Dice and Cards* (Coward-McCann, Inc., New York, 1944).

[37] ————, "Nevada Trumps a Blackjack Dealer," *Sunday Star-Ledger,* Newark, New Jersey, April 19, 1964, section 2, p. 2.

[38] MCKINSEY, JOHN C., *Introduction to the Theory of Games* (McGraw-Hill Book Co., Inc., New York, 1952).

[39] *Miami News,* January 25, 1961, p. 6A.

[40] MONROE, KEITH, "William Harrah: The New Gambling King, and the Social Scientists," *Harper's,* January, 1962.

[41] *The Nation,* February 4, 1961.

[42] *Newsweek,* "Gambling: Hello Suckers," September 4, 1961, pp. 22ff.

[43] *New York Herald Tribune,* January 29, 1961, pp. 1, 24.

[44] *New York Journal American,* "Computer Beats House at '21' in Las Vegas," November 15, 1963, p. 1.

[45] *New York Journal American,* "How Wizard of Odds Beat Las Vegas Cards," April 3, 1964, p. 1.

[46] *New York Times,* Western Edition, "Las Vegas: Gambling Take Creates New Force in U. S.; Millions in Untaxed 'Black Money' Give Obscure Figures Power that Extends from Underworld to Government," November 18, 1963.

[47] *New York Times Book Review,* Best Seller List, April 19 and May 3.

[48] OLSEN, ED, Letter to the Editor, *Life,* April 17, 1964, p. 27.

[49] O'NEIL, PAUL, "The Professor Who Breaks the Bank," *Life,* March 27, 1964, pp. 80–91.

[50] ORE, OYSTEIN, *Cardano, The Gambling Scholar* [with a translation (from the Latin of Cardano's book, *Games of Chance*) by SIDNEY HENRY GOULD] (Princeton University Press, Princeton, N. J., 1953).

[51] *Parade Sunday Magazine,* Intelligence Report: "Crimes," August 25, 1963.

[52] POINCARÉ, HENRI, *Science and Method.* Translated by Fran-

cis Maitland (Dover Publications, Inc., New York, 1958).

[53] RADNER, SIDNEY H., *How to Spot Card Sharps and Their Methods* (Key Publishing Co., New York, 1957).

[54] THE RAND CORPORATION, *A Million Random Digits with 100,000 Normal Deviates* (Free Press of Glencoe, Illinois, 1955).

[55] REID, ED and DEMARIS, OVID, *The Green Felt Jungle* (Trident, New York, 1963). Reprinted and enlarged (Pocket Books, Inc., New York, 1964). All references are to the enlarged Pocket Book version.

[56] RIDDLE, MAJOR A., as told to Hyams, Joe, *The Weekend Gambler's Handbook* (Random House, New York, 1963).

[57] ROBB, INEZ, "Bets Are Off," *New York World-Telegram and Sun,* February 7, 1961.

[58] SCARNE, JOHN, *Scarne's Complete Guide to Gambling* (Simon and Shuster, Inc., New York, 1961).

[59] SCHERMAN, DAVID E., "It's Bye! Bye! Blackjack," *Sports Illustrated,* January 13, 1964.

[60] SCIENTIFIC AMERICAN, "How to Beat the Game," April, 1961, p. 84.

[61] SHEINWOLD, ALFRED, "It's in the Cards: Blackjack—Counting the Cards," *Argosy,* August, 1961.

[62] SHERMAN, GENE, " 'Off The Top' Plagues Gambling Authorities. Pocketing Money Without Being Reported for Tax Purposes Called Impossible to Prove," *Los Angeles Times,* October 28, 1963.

[63] Showboat Hotel, Las Vegas, Nevada, "The Univac '21' Formula for Standing or Drawing."

[64] SMITH, HAROLD S., *I Want to Quit Winners* (Prentice Hall, Englewood Cliffs, New Jersey, 1961).

[65] *Sports Illustrated,* "Calculated Risk," February 6, 1961, pp. 4, 5.

[66] STEEN, JOAN, "Exposing Crooked Gambler's Tricks," *Popular Science Monthly,* January, 1962, pp. 61ff.

[67] THORP, EDWARD O., "Fortune's Formula: The Game of Blackjack," *Notices of the American Mathematical Society,* December, 1960, pp. 935–936.

[68] ———, "A Favorable Strategy for Twenty-One," *Proceedings of the National Academy of Sciences,* Vol. 47, No. 1, pp. 110–112 (1961).

[69]   ———, "A Prof Beats the Gamblers," *The Atlantic Monthly,* June, 1962.

[70]   ——— and WALDEN, W., A Winning Bet in Nevada Baccarat, 70+ pp., lecture notes, 1964 (out of print).

[71]   *Time,* Modern Living: "Eight Days to Win," January 13, 1961, p. 82ff.

[72]   *Time,* "Games: 'Beating the Dealer,'" January 25, 1963, p. 70.

[73]   *Time.* Non-Fiction Best Seller List, May 29, 1964, p. 4.

[74]   TURNER, WALLACE, "Nevada Gambling Faces New Test," *New York Times,* April 12, 1964, p. 53.

[75]   ———, *New York Times,* November 18, 1963 to November 22, 1963, p. 1.

[76]   WALDEN, W., Ph.D. Thesis, New Mexico State University (unpublished).

[77]   WANNISKI, JUDE, "Gamblers Shuffle Blackjack Rules Back to Old Deal," *The National Observer,* June 15, 1964, p. 8.

[78]   *Washington Post and Times Herald,* January 25, 1961, p. 3; editorial, "High Stakes," p. A16, January 26, 1961.

[79]   WILLIAMS, JOHN D., *The Compleat Strategyst* (McGraw-Hill Book Co., Inc., New York, 1954).

[80]   WILSON, ALLAN, *The Casino Gambler's Guide* (Harper and Row, New York, 1965).

推荐阅读

序号	中文书名	定价
1	股市趋势技术分析（原书第11版）	198
2	沃伦·巴菲特：终极金钱心智	79
3	超越巴菲特的伯克希尔：股神企业帝国的过去与未来	119
4	不为人知的金融怪杰	108
5	比尔·米勒投资之道	80
6	巴菲特的嘉年华：伯克希尔股东大会的故事	79
7	巴菲特之道（原书第3版）（典藏版）	79
8	短线交易秘诀（典藏版）	80
9	巴菲特的伯克希尔崛起：从1亿到10亿美金的历程	79
10	巴菲特的投资组合（典藏版）	59
11	短线狙击手：高胜率短线交易秘诀	79
12	格雷厄姆成长股投资策略	69
13	行为投资原则	69
14	趋势跟踪（原书第5版）	159
15	格雷厄姆精选集：演说、文章及纽约金融学院讲义实录	69
16	与天为敌：一部人类风险探索史（典藏版）	89
17	漫步华尔街（原书第13版）	99
18	大钱细思：优秀投资者如何思考和决断	89
19	投资策略实战分析（原书第4版·典藏版）	159
20	巴菲特的第一桶金	79
21	成长股获利之道	89
22	交易心理分析2.0：从交易训练到流程设计	99
23	金融交易圣经II：交易心智修炼	49
24	经典技术分析（原书第3版）（下）	89
25	经典技术分析（原书第3版）（上）	89
26	大熊市启示录：百年金融史中的超级恐慌与机会（原书第4版）	80
27	敢于梦想：Tiger21创始人写给创业者的40堂必修课	79
28	行为金融与投资心理学（原书第7版）	79
29	蜡烛图方法：从入门到精通（原书第2版）	60
30	期货狙击手：交易赢家的21周操盘手记	80
31	投资交易心理分析（典藏版）	69
32	有效资产管理	59
33	客户的游艇在哪里：华尔街奇谈（典藏版）	39
34	跨市场交易策略（典藏版）	69
35	对冲基金怪杰（典藏版）	80
36	专业投机原理（典藏版）	99
37	价值投资的秘密：小投资者战胜基金经理的长线方法	49
38	投资思想史（典藏版）	99
39	金融交易圣经：发现你的赚钱天才	69
40	证券混沌操作法：股票、期货及外汇交易的低风险获利指南（典藏版）	59
41	通向成功的交易心理学	79

推荐阅读

序号	中文书名	定价
42	击败庄家：21点的有利策略	59
43	查理·芒格的智慧：投资的格栅理论（原书第2版·纪念版）	79
44	彼得·林奇的成功投资（典藏版）	80
45	彼得·林奇教你理财（典藏版）	79
46	战胜华尔街（典藏版）	80
47	投资的原则	69
48	股票投资的24堂必修课（典藏版）	45
49	蜡烛图精解：股票和期货交易的永恒技术（典藏版）	88
50	在股市大崩溃前抛出的人：巴鲁克自传（典藏版）	69
51	约翰·聂夫的成功投资（典藏版）	69
52	投资者的未来（典藏版）	80
53	沃伦·巴菲特如是说	59
54	笑傲股市（原书第4版.典藏版）	99
55	金钱传奇：科斯托拉尼的投资哲学	69
56	证券投资课	59
57	巴菲特致股东的信：投资者和公司高管教程（原书第4版）	128
58	金融怪杰：华尔街的顶级交易员（典藏版）	80
59	日本蜡烛图技术新解（典藏版）	60
60	市场真相：看不见的手与脱缰的马	69
61	积极型资产配置指南：经济周期分析与六阶段投资时钟	69
62	麦克米伦谈期权（原书第2版）	120
63	短线大师：斯坦哈特回忆录	79
64	日本蜡烛图交易技术分析	129
65	赌神数学家：战胜拉斯维加斯和金融市场的财富公式	59
66	华尔街之舞：图解金融市场的周期与趋势	69
67	哈利·布朗的永久投资组合：无惧市场波动的不败投资法	69
68	憨夺型投资者	59
69	高胜算操盘：成功交易员完全教程	69
70	以交易为生（原书第2版）	99
71	证券投资心理学	59
72	技术分析与股市盈利预测：技术分析科学之父沙巴克经典教程	80
73	机械式交易系统：原理、构建与实战	80
74	交易择时技术分析：RSI、波浪理论、斐波纳契预测及复合指标的综合运用（原书第2版）	59
75	交易圣经	89
76	证券投机的艺术	59
77	择时与选股	45
78	技术分析（原书第5版）	100
79	缺口技术分析：让缺口变为股票的盈利	59
80	预期投资：未来投资机会分析与估值方法	79
81	超级强势股：如何投资小盘价值成长股（重译典藏版）	79
82	实证技术分析	75
83	期权投资策略（原书第5版）	169
84	赢得输家的游戏：精英投资者如何击败市场（原书第6版）	45
85	走进我的交易室	55
86	黄金屋：宏观对冲基金顶尖交易者的掘金之道（增订版）	69
87	马丁·惠特曼的价值投资方法：回归基本面	49
88	期权入门与精通：投机获利与风险管理（原书第3版）	89
89	以交易为生II：卖出的艺术（珍藏版）	129
90	逆向投资策略	59
91	向格雷厄姆学思考，向巴菲特学投资	38
92	向最伟大的股票作手学习	36
93	超级金钱（珍藏版）	79
94	股市心理博弈（珍藏版）	78
95	通向财务自由之路（珍藏版）	89